CATHOLIQUES
TOLÉRANTS
ET
LÉGITIMISTES LIBÉRAUX

PARIS. — IMPRIMERIE DE J. CLAYE
RUE SAINT-BENOIT, 7

CATHOLIQUES
TOLÉRANTS
ET
LÉGITIMISTES LIBÉRAUX

PAR

JOSEPH DE RAINNEVILLE

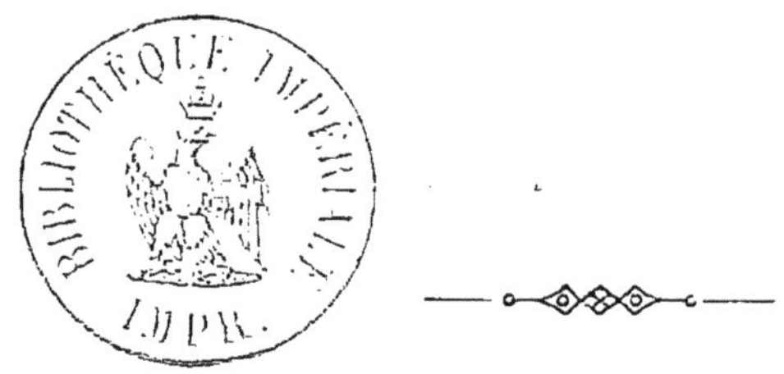

PARIS
CHEZ TOUS LES LIBRAIRES

1862

A

TOUS CEUX QUI NOUS JUGENT MAL

INTRODUCTION

Tous les légitimistes ne sont pas catholiques, et nous n'avons aucunement la prétention que tous les catholiques doivent être logiquement légitimistes.

Certainement, il existe bien des sympathies qui rapprochent en fait les uns des autres; mais l'alliance même de notre double titre n'implique nullement l'idée qu'entre les deux la connexion soit nécessaire et absolue.

De même qu'il y a d'honnêtes gens dans tous les cultes, pareillement se trouvent des catholiques dans tous les camps.

L'Église est au-dessus des différences de races et de peuples, à plus forte raison supérieure aux considérations du régime que peuvent affecter les sociétés civiles. Comme d'une tige commune sortent vingt rameaux divers, ainsi sur l'unité catholique se greffent des branches variées de forme, selon les différentes nations.

S'il y a des gouvernements légitimes de toute espèce, ce n'est pourtant qu'au point de vue purement absolu que nous l'entendons ainsi, et nous nous gardons de tirer de cette théorie une excuse commode pour l'indifférentisme pratique. Il est toujours un bon et un vrai relatifs que déterminent les conditions variables de temps, de climat, de situation morale, particulières à chaque peuple. On a donc raison d'avoir des opinions politiques, et c'est même un devoir de soutenir fermement celles qu'on croit les meilleures à son pays et à son époque.

Nous ne discuterons pourtant pas sur le mode préférable de gouvernement ; la lice est fermée, le sujet est impossible à traiter : nous voulons écrire une simple défense, ce qui est non plus seulement de droit politique, mais de droit naturel.

Quand vous nous appelez *anciens partis*,

vous semblez nous déclarer morts à l'avenir. Vous oubliez qu'on ne sait ni qui vit ni qui meurt, et qu'en vertu même du principe de la souveraineté du peuple, tel que vous l'entendez, nous pourrions conserver le droit à l'espérance et la confiance à la résurrection. Mais passons...

Destinés ou non à revoir le triomphe de nos idées, il nous pèse d'être méconnus. Nous ne pouvons souffrir d'être considérés comme ineptes, flétris comme rétrogrades.

Les catholiques et les légitimistes, disent nos adversaires, sont des tolérants et des libéraux de mauvaise foi; et demain, si le pouvoir leur était donné, ils refuseraient, en vertu même de leurs principes, la tolérance et la liberté.

Je croyais ces accusations usées; elles font

encore de l'impression puisqu'on les répète. La franchise a du prestige partout, ce prestige on veut nous l'enlever : le mot seul de progrès séduit l'opinion, les révolutionnaires s'en réservent le monopole.

Nous avons, qu'on le veuille bien croire, l'esprit aussi intelligent, les sentiments aussi généreux que personne.

En religion, nous n'allons pas jusqu'au principe que tous les cultes sont bons, ni au rationalisme, c'est vrai; mais notre raison, ayant établi premièrement la base de notre foi, ne pouvons-nous pas dire que nous croyons aux vérités révélées et à tout ce que veut l'Église, en vertu même de notre raison?

En politique, si nous ne sommes pas républicains, ce n'est pas que notre esprit ne puisse s'élever à comprendre la supériorité de cet état de société comparativement à tel ou tel autre, mais c'est que nous ne le croyons pas durable en France, et que, même en pure théorie, nous ne le considérons pas comme type du meilleur gouvernement. Avant d'être réglées par le vote, les lois doivent l'être par la justice et la sagesse. Trop de pouvoir dans le peuple nuit souvent à sa liberté même : principe vrai, que nous autres Français devons cependant nous garder d'exagérer, sous peine de tomber dans le sentiment injuste autant qu'indigne du mépris de notre patrie.

Si nous ne sommes point pour les gouvernements de fait, ce n'est pas par entêtement; mais nous refusons, pour une utilité précaire, d'encourager et de légitimer d'avance le triomphe de tous les partis subversifs qui peuvent surgir dans le pays.

Si enfin nous ne sommes même pas rassurés par les pouvoirs qu'élève le suffrage populaire, c'est que nous craignons les inconstances de la multitude. L'œuvre d'une vague, dont le reflux emporte si souvent ce que le flux a déposé, pendant longtemps garantit mal contre les agitations et les tempêtes de la mer : aux dunes de l'Océan il faut l'épreuve des siècles pour sûreté et consécration.

La marche révolutionnaire, essentiellement violente de sa nature, est, de toute évidence, dangereuse et funeste. Nous sommes progressistes, mais dans la mesure que nous croyons vraie et sage.

Nos opinions d'ailleurs sont franchement libérales en religion comme en politique.

Montrer que de telles idées conviennent parfaitement à nos principes : voilà mon but.

CATHOLIQUES TOLÉRANTS

CATHOLIQUES TOLÉRANTS

La tolérance religieuse se divise en civile et théologique.

Ce qui constitue une religion, c'est la croyance ; une croyance est vraie ou fausse. Toute religion, sous peine de ne pas être réellement, doit donc affirmer sa doctrine et nier la vérité de ce qu'enseignent les cultes étrangers, en tant du moins que les dogmes sont contradictoires. L'intolérance, au point de vue théologique, est donc essentielle et nécessaire.

Certains philosophes ont prétendu qu'il découlait de là des conséquences d'exclusivisme et de despotisme politiques, dont l'effet ne serait borné que par l'impossibilité des circonstances, ou du moins par l'utilité selon les temps. Sans admettre en aucune façon cette solidarité du religieux avec le civil, nous écarterons l'argument même en exposant comment l'Église, loin d'être engagée par sa foi dans l'intolérance pratique, est amenée au contraire, en vertu même de sa doctrine, à apporter la plus grande indulgence dans le domaine des faits.

« Il est impossible de vivre en paix avec

des gens qu'on croit damnés, dit Rousseau; les aimer serait haïr Dieu, qui les punit : il faut absolument qu'on les ramène, ou qu'on les tourmente[1]. »

Ce raisonnement tombe à faux en ce qui concerne l'Église catholique; car celle-ci n'a jamais prétendu qu'il fût impossible de se sauver dans les autres religions. Le Seigneur seul sonde les reins et les cœurs, dit l'Écriture, et il n'appartient pas à l'homme de devancer le jugement de Dieu; nous ne voyons donc pas des damnés dans tous ceux qui professent d'autres cultes que le nôtre, et la charité même qu'on nous enseigne invite au contraire à les excuser, à les aimer et à les estimer comme des frères.

1. *Contrat social*, liv. IV, ch. VIII.

La tolérance civile, restreinte par sa nature dans les limites du pouvoir de l'État, est reconnue par la doctrine catholique. Quand même il serait admis, ce que nous refusons du reste d'accepter, que la raison religieuse a droit à inspirer la législation civile, rien ne dicterait à l'Église un système de persécution.

Mais, avant de déterminer le vrai rôle que l'Église a rempli dans l'humanité et de résoudre le fond même de la question, il y a plusieurs points sur lesquels il est nécessaire de présenter la défense du catholicisme, car il importe d'écarter des accusations qui tendent à le poser comme essentiellement intolérant.

Dans le commencement de son histoire, l'Église avait souffert d'affreuses persécutions : on devait s'attendre à une réaction, quand la croix si longtemps humiliée du Christ, après avoir brillé dans les défaites de Maxence et de Licinius, vit éclater son triomphe dans la conversion d'un empereur romain. Cependant les édits de Constantin respirent la tolérance. S'il frappa le paganisme, il le fit au nom de la morale qu'outrageaient des rites odieux et des solennités dégénérées en orgies. « C'est ainsi que furent fermés, au rapport d'Eusèbe, les temples d'Héliopolis, d'Aphaque et d'Égée. On ne les détruisit pas comme païens, mais comme immoraux[1]... »

1. *L'Église et l'Empire romain au* IVe *siècle*, par A. de Broglie; t. I, p. 466.

Lorsque Constance II vint à Rome en 357, l'autel de la Victoire ornait encore la salle des séances du sénat. Il est vrai que l'empereur le sut, et refusa d'aller à la curie. Sans rien ordonner, il déclara seulement que ses yeux seraient blessés de rencontrer ce monument d'un culte qui n'était pas le sien. Ce que l'obéissance aux lois et même au souverain ne commandait pas, l'adulation le fit : la vieille déesse romaine disparut pour faire place à l'empereur.

Ainsi voit-on que s'étaient conservées depuis Constantin, dans le lieu le plus solennel, les marques de l'ancienne religion des Romains.

Plus tard, quand Jovien, recouvert de la pourpre après la mort de Julien, se trouva au milieu des embarras d'une réaction religieuse qui s'élevait contre les païens et le parti philosophique de son prédécesseur, il fit rechercher saint Athanase. Élevé dans les camps et ne connaissant que les armes, le nouvel empereur craignit de juger par lui-même, voulut prendre l'esprit de sa religion, et réclama le conseil du plus grand et du plus vénéré docteur que possédât alors l'Église.

Quelle dut être la réponse de l'illustre évêque, et quelle était sa doctrine ? Ses écrits nous l'apprennent : « Quand vous employez la force, dit-il, et que vous contraignez les hommes contre leur volonté, vous montrez que vous n'avez aucune confiance dans vos croyances... La vérité ne s'avance pas par l'épée et la violence, ni avec une armée, mais en exhortant et en suppliant. Elle n'use pas de contrainte, mais de persuasion. »

« C'est une exécrable hérésie, ajoute-t-il encore autre part, de vouloir attirer par la force, par les coups, par les emprisonnements ceux qu'on n'a pu convaincre par la raison[1]. »

Telle fut l'inspiration que dut recevoir l'empereur, car la conduite qu'il suivit dans sa politique resta toujours dans la ligne d'une tolérance complète. La liberté de tous les cultes fut respectée sous son règne, et païens comme ariens jouirent même indistinctement de la faveur du prince dans l'admission aux emplois publics.

1. S. Athanase, *Hist. Arian.*, l. I.

Telle se montrait l'influence morale de l'Église quand elle conseillait les Césars.

Vint le chaos de l'invasion barbare. Sur les débris des institutions romaines et de tout l'empire écroulé, l'Église, forte de sa divinité, était restée debout. Dégagée victorieusement des ruines de cet ancien monde qui n'était point fait pour elle, elle s'était mise à la tête des nouvelles sociétés pour dominer l'œuvre de leur formation, façonner les mœurs, enfanter les institutions.

Lorsque les nations eurent grandi et se sentirent une vie forte, exubérante, l'Église les dirigea vers l'Orient.

On a souvent présenté les croisades comme un élan généreux ayant eu pour seul but de glorifier les saints lieux et de venger les insultes des pèlerins, ce qui fait accuser le christianisme de fanatisme.

Le pur sentiment ne mène guère les affaires humaines ; il faut trouver autre chose pour expliquer ce mouvement immense, qui pendant des siècles entraîne tout un monde. On doit, en recherchant la grande fin à laquelle on tendait, le grand résultat politique qu'il s'agissait d'obtenir, découvrir le mobile qui fut capable d'inspirer, de régler, de faire persévérer l'enthousiasme des peuples.

En vérité, aussi bien les mahométans combattaient pour la conquête, aussi bien les chrétiens combattirent contre l'invasion et se jetèrent dans la guerre du droit de légitime défense. Sans les croisades, les peuples d'Occident étaient perdus : la papauté fit entendre le cri d'alarme.

Dans un temps où le saint-siége dirigeait les rois et dominait l'opinion chez les peuples, c'était à lui qu'il appartenait de donner l'impulsion. Loin de lui faire le reproche de fanatisme, il faut donc lui rendre grâces de cette grande inspiration politique, qui, sous un seul drapeau, sut rallier toutes les forces de l'Europe alors si divisées, et enflammer les peuples pour ces guerres lointaines.

Si l'on veut bien se souvenir qu'à l'époque où commencèrent les croisades les mahométans débordaient de toutes parts, qu'ils repoussaient pied à pied le vieil empire grec et dévoraient ses provinces, qu'ils s'étaient installés en Espagne, qu'ils dominaient les mers et pillaient régulièrement les rivages de la Méditerranée, on admirera l'exécution de ce dessein hardi, tracé d'après les plans des plus grands capitaines, d'attaquer l'ennemi au cœur même de sa puissance ; et on sera nécessairement amené à conclure qu'en lançant les nations chrétiennes en Palestine la papauté sauva toute l'Europe de la ruine et de l'invasion.

Sans essayer de traiter à fond l'historique même de ces deux grandes questions qui s'appellent les LUTTES DE RELIGION et L'INQUISITION, il suffira, je pense, au développement de notre thèse, de rechercher la vérité au delà des premières apparences, de soulever le manteau dont se couvrirent tant de guerres et tant de jugements iniques, et de restituer à ces grands faits leur caractère essentiellement politique, pour disculper l'Église des accusations qu'on lui porte au sujet des malheurs qui signalèrent ces époques sombres et de ces drames terribles qui ont ensanglanté nos annales.

Voltaire, philosophant sur l'histoire, malgré la passion qui l'entraîne si aveuglément lorsqu'il s'agit de rejeter sur l'Église des responsibilités malheureuses, Voltaire avoue quelque part que « le zèle de la religion n'a jamais été, dans les cours, que le masque de la religion et de la perfidie[1]. »

1. Voltaire, *Essai sur les mœurs et l'esprit des nations*, ch. CLXXVI.

Si, dans le trouble qu'elles apportaient à l'ordre établi, les nouveautés religieuses ne couvraient que des intrigues politiques et n'étaient pas l'explosion de convictions et de croyances nouvelles, si elles n'étaient au fond que révolte et sédition, il faudrait avouer qu'à ce compte-là les princes faisaient vraiment bien de s'en défendre.

Examinons les faits :

La conspiration d'Amboise, qui commença la lutte entre les protestants et les catholiques, fut l'œuvre du prince de Condé et de ses amis contre le parti de Lorraine. « Elle fut tramée par un grand nombre de gentilshommes de toutes les provinces, les uns catholiques, les autres protestants[1]. »

La religion ne fut donc dès le commencement qu'un drapeau de ralliement pour les chefs de parti, puisqu'on trouvait confondus dans leurs rangs des partisans de tous les cultes.

La Saint-Barthélemy suivit. Ce grand fait, si reproché à l'esprit catholique, fut une œuvre détestable de la méchanceté de ces temps. « On se faisait un grand honneur alors des maximes de Machiavel, et surtout de celle qu'il ne faut pas faire le crime à demi[2]. »

Mais l'acte fut-il religieux ? L'Église se

1. Voltaire, *Histoire du Parlement de Paris*, ch. XXII.

2. Voltaire, *Essai sur les mœurs et l'esprit des nations*, ch. CLXXI.

laissa-t-elle entraîner par les malheureuses inspirations de la politique qui régnait à cette époque, et commanda-t-elle le massacre ? Voilà la question.

Nous trouvons, dans l'*Essai sur les mœurs et l'esprit des nations*, que « la faction des Guises eut beaucoup de part à l'entreprise[1]. » Plus loin, quand l'historien cherche l'explication d'un si grand crime, il hésite embarrassé : « On a peine à concevoir, écrit-il alors, comment une femme telle que Catherine de Médicis, élevée dans les plaisirs, et à qui le parti huguenot était celui qui portait le moins d'ombrage, put prendre une résolution si barbare[2]. »

1. Voltaire, *Essai sur les mœurs et l'esprit des nations*, ch. CLXXI. — 2. *Id., ibid.*

Exécrable politique que celle de ces époques, et si abominable dans ses replis tortueux, qu'on ne peut ni la bien sonder ni la bien comprendre. Mais toutes les preuves de la préméditation et de la participation royales seraient-elles irréfutables, avouons en tout cas, d'après Voltaire lui-même, que le caractère religieux de Catherine de Médicis, la grande ordonnatrice, n'était pas bien prononcé.

La Ligue porte dans l'histoire une apparence toute particulière de ferveur catholique ; mais il faut remarquer combien alors l'intérêt politique s'identifiait à la cause religieuse. En effet, que représentait le protestantisme quand Henri IV parut? Trop souvent dans le passé la révolte et la conspiration contre l'autorité légitime et même contre la nation, à tout le moins le fédéralisme des villes et la renaissance féodale des seigneurs. En face des réformés, que représentait le catholicisme ? L'unité française et politique, les vieilles traditions de la monarchie, tout autant que l'unité religieuse.

Allons plus loin, et cherchons le vrai mobile de ceux qui conduisirent ce grand mouvement. Les auteurs et les chefs sont les Guises, ce sont eux qui l'ont inspiré, ce sont eux qui le dirigent. Maintenant, quels sentiments dominent les Guises ? Si catholiques qu'ils aient pu se montrer, nul ne peut nier leur ambition de la couronne. Et quand Henri IV se fut fait catholique, grand nombre d'ennemis ne restèrent-ils pas parmi leurs partisans qui refusèrent par politique d'entendre à une conversion qui faisait tomber le prétexte de tous les troubles, et ne leur laissait plus rien à espérer de ce qu'ils attendaient d'un changement de dynastie.

Je reviens à Voltaire ; il explique bien le caractère des luttes religieuses au temps de Louis XIII : « La Rochelle commençait à devenir une puissance... Elle voulait imiter la Hollande... Ce qu'on avait donné d'argent aux Provinces-Unies, et ce qu'on devait leur en donner encore, les engagea à fournir une flotte contre ceux qu'elles appelaient leurs frères ; de sorte que le roi catholique secourait les calvinistes de son argent, et les Hollandais calvinistes combattaient pour la religion catholique, tandis que le cardinal de Richelieu chassait les troupes du pape de la Valteline, en faveur des Grisons huguenots[1]. »

C'est là de l'intrigue politique toute pure.

En Espagne, le pays catholique par excellence, que se passe-t-il au même temps ? Le roi Philippe IV, sans aucun scrupule de conscience, soudoie la révolte des protestants français, et livre de grands subsides à leur chef, qui était alors le duc de Rohan.

Qu'advint-il enfin lorsque les troubles cessèrent et que la paix se fit ? Richelieu accorda à La Rochelle et aux autres villes vaincues l'exercice du culte réformé.

C'est la meilleure preuve que la guerre n'avait pas été religieuse, et que le grand cardinal

1. Voltaire, *Essai sur les mœurs et l'esprit des nations*, ch. CLXXVI.

n'avait jamais combattu dans les calvinistes que des séditieux et des ennemis de l'État; autrement, qui aurait retenu sa politique victorieuse, et qui l'aurait empêché de laisser les temples ruinés, ainsi qu'il laissait les remparts renversés?

La révocation de l'édit de Nantes fut une grande faute de la vieillesse de Louis XIV. Assurément nous regrettons cet acte, pour sa rigueur injuste contre un grand nombre de citoyens, et pour son effet funeste à la prospérité de la France.

A l'origine, c'était un arrêt de bannissement; dans la suite, on fut amené aux dragonnades. Naturellement les missions avaient échoué. « Où est le Dieu qui aime les hommages forcés? » dit Tertullien; et où est le peuple qui ne s'insurge contre cette tyrannie?

L'amour-propre de Louis XIV se trouvait malheureusement engagé; après avoir envoyé des prêcheurs, il expédia des soldats; les populations se soulevèrent, on réprima durement. Qu'on n'accuse point madame de Maintenon, ni la piété du monarque; c'était en ce temps-là même qu'il rompait si fièrement avec Innocent XI, et humiliait le saint-siége. Pourquoi donc ces violences? « Elles étaient les suites de l'esprit qui régnait alors à la cour, que tout devait fléchir au nom de Louis XIV[1] ». Faut-il même s'en prendre entièrement à l'absolutisme du grand roi? L'or et les intrigues du

1. Voltaire, *Siècle de Louis XIV*, ch. XXXVI.

cabinet anglais soutenaient l'insurrection dans les Cévennes, et ne semble-t-il pas, d'après le cri même de ralliement : *Point d'impôts et liberté de conscience*[1] ! qu'il y avait en jeu des passions séditieuses, et que le mouvement était autant une révolte ordinaire, qu'une prise d'armes religieuse?

Tels sont les enseignements historiques qui ressortent des faits et de l'étude même du plus terrible de ces philosophes qui ont tant déclamé contre le fanatisme qu'ils attribuaient au catholicisme.

Jean-Jacques Rousseau sur ce terrain se réunit à Voltaire, et résume très-bien la même idée : « Examinez toutes vos précédentes guer-

1. Voltaire, *Siècle de Louis XIV*, ch. XXXVI.

res, appelées guerres de religion, écrit-il, vous trouverez qu'il n'y en a pas une qui n'ait eu sa cause à la cour et dans les intérêts des grands; des intrigues de cabinet brouillaient les affaires, et puis les chefs ameutaient les peuples au nom de Dieu [1]. »

Je vois bien des peuples fanatisés; mais, dans Voltaire comme dans Rousseau, il n'y a que les peuples, c'est-à-dire, dans ces temps peu civilisés, la force inintelligente. Ceux qui conduisaient le mouvement, et qui en étaient vraiment l'esprit, obéissaient à des passions toutes humaines et toutes politiques; ils n'étaient emportés par aucun mobile d'intolérance. L'esprit vraiment catholique n'in-

1. J.-J. Rousseau, *Lettre à M. de Beaumont.*

spire pas le prosélytisme brutal, et l'Église ne leur commandait pas d'agir ainsi.

Parlons du nouveau monde et de la CONQUÊTE DE L'AMÉRIQUE, souillée des massacres et de la ruine des Indiens.

Il est triste d'avoir à rejeter sur une nation, alors la plus grande et la plus florissante de l'Europe, les abominations qui se commirent ; mais ces crimes qui profanèrent la civilisation il faut savoir en flétrir qui de droit, et qu'ils pèsent de tout leur poids, non sur l'Église, mais sur la rapacité et la cruauté des Espagnols.

Écoutez un presbytérien, l'historien Robertson. Après avoir remarqué que ce n'est pas tant sur le gouvernement d'Espagne que sur l'avidité des particuliers qu'il faut faire retomber la désolation de l'Amérique, il ajoute : « C'est avec plus d'injustice encore que beaucoup d'écrivains ont attribué à l'esprit d'intolérance de la religion romaine la destruction des Américains, et ont accusé les ecclésiastiques espagnols d'avoir excité leurs compatriotes à massacrer ces peuples innocents comme des idolâtres et des ennemis de Dieu...

« Ils furent des ministres de paix pour les Indiens, et s'efforcèrent toujours d'arracher la verge de fer des mains de leurs oppresseurs. C'est à leur puissante médiation que les Amécains durent tous les règlements qui tendaient à adoucir la rigueur de leur sort [1]. »

On pourrait, je crois, réduire de beaucoup

1. Robertson, *Histoire d'Amérique*, l. VIII.

toutes les déclamations qu'a inspirées le fait de l'extinction de la race indigène dans les pays qu'occupèrent les conquérants, en faisant observer que de nos jours pareil spectacle se représente sans tant de violences, et que nous voyons, dans le Nord, les races sauvages, plutôt que de se fondre, dépérir d'elles-mêmes, on ne sait par quel dessein de la Providence, devant l'envahissement des races civilisées. Mais de telles considérations s'écartent de notre sujet.

Les lignes que je viens de citer résument ce qu'il nous suffit de prouver. Elles établissent fortement la justification de l'Église, et montrent combien il est calomnieux de couvrir de son nom et d'imputer à son influence les exécrables abus de la force qui portèrent, sinon l'entière dépopulation, incontestablement du moins la ruine et la désolation dans ces superbes contrées.

Reprenons un peu plus haut dans l'histoire pour parler de l'INQUISITION.

Si l'on veut juger sagement une institution, il faut se l'expliquer dans son origine avant de la suivre dans ses modifications. Remontons donc aux temps de ces luttes affreuses entreprises au nom de la religion.

Montfort et ses chevaliers revêtent dans l'histoire toutes les apparences du fanatisme le plus outré. Ils brûlent, mais plus encore pour piller que pour faire des auto-da-fé. En dehors même de leurs ressentiments privés et de leurs appétits de conquêtes, n'est-on pas aussi conduit à reconnaître qu'ils étaient poussés par l'instinct politique? Dans l'envahissement du Languedoc, ils furent les représentants de l'idée féodale et monarchique du Nord se déchaînant contre l'esprit municipal et presque républicain qui régnait dans le midi de la France.

Cependant, comme c'était sous le prétexte de religion que ces provinces étaient en feu, Innocent III avait envoyé deux moines de Citeaux pour juger les hérétiques. Toutes les législations, reconnaissant alors comme illégale l'introduction d'un culte étranger dans un pays, quoi de plus simple que le pape, souverain de la religion, fût appelé à instituer un tribunal de la foi? On venait dire à l'Église : « Jugez si telle personne est catholique. » Le pouvoir ecclésiastique rendait une sentence doctrinale. Là s'arrêtait son rôle. En effet, si l'accusé était déclaré juif, hérétique ou musulman, c'était le bras séculier qui s'en emparait pour lui appliquer les peines portées par les lois.

Ce qui prouve que les papes furent entraînés par les mœurs de l'époque, bien plutôt que par l'esprit religieux, c'est que saint Dominique, regardé généralement comme le véritable fondateur de l'inquisition, voulut user, dans sa mission auprès des Albigeois, des seuls moyens évangéliques « et parut alors souhaiter, dit Voltaire lui-même, qu'on n'employât jamais d'autres armes contre les erreurs [1]. »

Les rois s'emparèrent de l'institution, l'ap-

1. Voltaire, *Essai sur les mœurs et l'esprit des nations*, ch. LXII.

proprièrent à leurs coupables manœuvres, et la firent servir à leur profit et à leur despotisme.

« Elle fut dans l'État vénitien soumise au sénat...

« L'empereur Frédéric II, le plus violent ennemi des papes, fut le protecteur le plus sévère de ce tribunal[1]. »

En Espagne, Ferdinand V et Philippe II en firent l'instrument d'une détestable politique : le premier pour l'extermination des Maures, le second dans ses machinations à l'étranger et dans son système de proscription à l'intérieur.

Une fausse nécessité politique dicta les persécutions qui extirpèrent du sol, ou étouffèrent dans le sang toute la race mahométane.

1. Voltaire, *Essai sur les mœurs et l'esprit des nations*, ch. CXL.

Au nom de la même atroce raison d'État, les rois d'Espagne se préservèrent, par le bûcher et les supplices, des troubles que suscitait la réforme, et qui agitaient le reste de l'Europe. Les horreurs de l'institution, telle que l'avait enfantée et dirigée Torquemada, l'intérêt tyrannique avait seul pu les inspirer, et la cour de Rome les réprouva expressément.

Il faut cependant remarquer que cette abominable torture, dont on frappe notre imagination dans tous les récits sur l'inquisition, était alors dans les habitudes de tous les tribunaux. Il n'y a pas deux siècles, Leibnitz, une des intelligences et un des cœurs les plus hauts qui aient jamais illustré la philosophie, croyait encore à la nécessité de cet affreux moyen d'instruction. « Rien n'est sujet à de plus graves abus que la torture ou la question des criminels, écrivait-il à Bossuet; cependant on aurait bien de la peine à s'en passer[1]. »

Sous les yeux des pontifes suprêmes, l'inquisition fut plus douce, et resta mieux dans l'esprit de la religion. Il n'y a d'infaillible que le pape parlant *ex cathedra*, et encore, selon plusieurs, avec l'aide du concile des évêques, ou du moins de leurs avis; il ne faut donc pas s'étonner si, comme toute justice humaine, ce tribunal a pu errer et se laisser entraîner par la passion. Mais on a beaucoup exagéré au sujet des victimes de la science qu'on lui reproche d'avoir faites.

1. Leibnitz à Bossuet, 18 janvier 1692. Édition Foucher de Careil. T. I, p. 230.

Galilée est le plus fameux de ces célèbres persécutés. On en parle souvent encore. Cependant Mallet-Dupan, un protestant, un protégé de Ferney, appuyé sur les documents authentiques de la correspondance de Guichardin, de Nicolini et de Galilée lui-même, a depuis longtemps dépouillé le fait de ses exagérations fabuleuses [1].

La prison fut le palais du Fiscal, et la captivité fort douce; après le jugement, il fut permis au condamné de se retirer à Florence.

Récemment encore M. Biot, à propos de la publication de toutes les pièces du procès, faite dernièrement à Rome, a repris l'examen de la question. Malgré l'impression défavorable que

1. *Mercure de France*, 17 juillet 1784. Voir à l'appendice, note A.

fait peser sur tout son jugement l'authenticité nouvelle donnée à l'absurde rétractation qu'on exigea de Galilée, il est amené finalement à reconnaître que celui-ci, poussant à l'extrême son ardeur pour ses systèmes, et en même temps ses invectives personnelles contre Urbain VIII, avait mis beaucoup de torts de son côté, excité à sa propre poursuite et provoqué ainsi lui-même sa condamnation.

Les faits réduits à leurs véritables proportions, reste-t-il place à tant d'indignation contre la cour romaine ? L'inquisition s'est trompée : qui a jamais prétendu qu'elle eût un caractère particulier d'infaillibilité ? Elle a jugé et condamné des vérités scientifiques : telles étaient les mœurs d'alors. La pure science était traduite au banc des tribunaux ordinaires. A

Pise, sa ville natale, pour une nouvelle théorie sur les corps graves, Galilée souffrit plus de rigueurs et plus d'injures; il fut bafoué par toute la Faculté, et chassé par les magistrats comme un novateur dangereux.

Ainsi de beaucoup d'autres, qui ont servi de sujets à tant de plaintes et à tant de déclamations.

De l'examen attentif des faits, il résulte d'abord qu'il y a le plus souvent beaucoup à diminuer de l'odieux qui s'y attache vulgairement. Que prouve maintenant l'authenticité de quelques condamnations? La persécution blesse à bon droit nos idées modernes, mais ne s'explique-t-elle pas suffisamment, si l'on n'est pas prévenu, par l'esprit général de ces époques où n'était point encore consacrée l'indépendance souveraine de la science?

Dernièrement, à propos d'un enfant devenu catholique, et soustrait au nom de la religion à la puissance paternelle, on a fait beaucoup de bruit dans le monde. Je n'invoquerai pas pour excuse que les parents avaient commencé par enfreindre la loi qui, dans ses prudentes prévisions contre de semblables occurrences, interdit aux juifs de s'attacher des serviteurs d'une autre croyance que la leur; et, sans examiner jusqu'à quel point, en pareil cas, la conscience, même d'un séculier, peut être engagée envers un enfant qui est entré dans une religion qu'on croit seule vraie, je conviendrai qu'il répugne à toutes les idées de notre âge de voir le sacré mêlé au civil.

Les tendances de la papauté ne sont pas à la persécution. Qu'on se souvienne du passé;

au temps où les juifs étaient pillés et tués dans tout le reste de l'Europe, le saint-siége leur avait concédé de grands priviléges et les couvrait d'une protection plus efficace que partout ailleurs. Dans le présent, qu'on réfléchisse à ce qu'a voulu Pie IX au commencement de son règne. Ne s'agit-il point ici d'une de ces réformes dont on ne peut lui imputer ni le refus ni le retard? En suivant sagement le régime si libéral et si progressiste inauguré par lui en 1847, on arrivait naturellement à tous les changements de législation réclamés par l'esprit moderne, et à la séparation de l'Église et de l'État dans le gouvernement pontifical; on aurait été ainsi préservé légalement contre de telles éventualités, et assuré de ne point voir de faits pareils à celui du petit juif s'accomplir dans les États romains. Pour être juste, il faut donc rejeter la faute sur les révolutionnaires italiens, qui, voulant tout entraîner dans le désordre, ont empêché le cours légitime des choses. Ce n'était pas leur affaire de laisser voir que le progrès social pouvait être inauguré de la main du pontife-roi. Rossi ouvrait heureusement la voie des réformes, ils le poignardèrent. Depuis, que reprocher à Pie IX ? Est-ce devant l'ennemi qu'on réforme ses bataillons?

Malgré ces dernières traces des anciennes lois conservées à Rome, quelles conséquences tirer de l'étude que nous venons de faire? Cette excuse vraie et claire pour les papes, que l'institution de l'inquisition fut un corollaire naturel de la législation grossière du moyen âge.

La meilleure preuve à ajouter qu'ils furent entraînés par les mœurs universelles de leur époque, c'est que, trois siècles après Innocent III, les hérétiques et les dissidents qui s'étaient révoltés contre l'autorité de Rome au nom du libre arbitre furent violemment emportés eux-mêmes dans l'intolérance, et se montrèrent plus persécuteurs que le tribunal du saint office.

Les calvinistes brûlent Michel Servet à Genève; les anabaptistes saccagent et tuent en Allemagne; le grand pensionnaire Barneveld a la tête coupée en Hollande; l'Angleterre fait des milliers de victimes.

Et d'ailleurs, jusqu'en plein XVIIIe siècle, ne voyons-nous pas les plus grands philosophes prôner les idées d'intolérance? « Ce serait une très-bonne loi, dit Montesquieu, lorsque l'État est satisfait de la religion établie, de ne point souffrir l'établissement d'une autre[1]. »

Jean-Jacques Rousseau est pour une religion d'État. Il ne croit pas qu'on puisse introduire dans un pays des cultes étrangers sans la permission du souverain; il veut une profession de foi civile dont celui-ci fixe les articles. « Sans pouvoir obliger personne à les croire, dit le *Contrat social*, il peut bannir de l'État quiconque ne les croit pas; il peut bannir non comme impie, mais comme insociable, comme incapable d'aimer sincèrement les lois, la justice, et d'immoler au besoin sa vie à son devoir. Que si quelqu'un, après avoir reconnu publi-

1. Montesquieu, *de l'Esprit des lois*, l. XXV, ch. X.

quement ces mêmes dogmes, se conduit comme ne les croyant pas, qu'il soit puni de mort; il a commis le plus grand des crimes, il a menti devant les lois[1]. »

Ainsi, dans un temps encore rapproché, le plus avancé des novateurs était, en théorie, l'apôtre de l'intolérance, tandis que, dans cette Église romaine si calomniée pour son prétendu fanatisme, on avait entendu avancer, dès le IVe siècle, et proclamer par la bouche de saint Augustin, l'un des plus vénérés et des plus savants docteurs catholiques, la grande raison philosophique qui inspire et impose toute liberté religieuse : « Persécuterons-nous ceux que Dieu tolère? » Et précédant de peu l'époque,

1. J.-J. Rousseau, *Contrat social*, l. IV, ch. VIII.

mais de beaucoup les idées de Jean-Jacques, le précepteur du duc de Bourgogne, Fénelon, apprenant à régner à un royal élève, ne lui disait-il pas : « Accordez à tous la tolérance civile? »

C'étaient donc les plus grandes autorités catholiques qui inspiraient de leurs conseils et appelaient de leurs vœux la distinction qui doit exister entre les deux pouvoirs, séparation encore inconnue dans les faits, et même incomprise par les libres penseurs.

Après de telles réflexions sur les mœurs et les idées d'autrefois, est-on encore tenté de reprocher si sévèrement l'inquisition au saint-siége et au catholicisme? Nous en sommes, aujourd'hui même en France, après tant de révolutions et avec notre Code moderne, à mériter le mot sanglant de Tertullien : « Que nul Dieu ne sera reçu qu'après délibération du Sénat. » Est-ce encore la faute de l'Église ?

Sachons donc expliquer le passé, et comprendre que l'institution découlait de la législation obscure et parfois tyrannique du moyen âge.

On a reproché à la papauté la SOUVERAINETÉ TEMPORELLE qu'elle exerça autrefois sur les nations et sur les gouvernements : on croit encore aux prétentions de l'Église sur l'État.

Je défendrai le passé comme une convenance des temps, et j'essayerai de rassurer quant à l'avenir, en reconnaissant les principes de séparation qui existent réellement entre les deux puissances.

L'idée politique de Rome commandant au monde entier était partout tracée dans les anciens codes des empereurs, héritage qu'avaient reçu les peuples nouveaux, et elle contribua beaucoup à faire accepter par les nations la suzeraineté universelle des papes. Mais il y eut d'autres et puissantes raisons.

Au ve siècle, les évêques et les clercs avaient assumé la responsabilité, alors fort grande et fort lourde, des charges municipales. Pour suffire au luxe des empereurs, aux plaisirs de leurs capitales, pour solder le service ou acheter la paix des barbares, il avait fallu toutes les richesses des provinces. Les villes étaient ruinées, et les membres des corps municipaux si découragés, qu'ils rejetaient les honneurs pour éloigner les charges; car, s'ils avaient toute l'administration de la cité, ils en portaient aussi toute la responsabilité; spécialement, ils répondaient des impôts sur leur propre fortune.

Dans ces tristes circonstances, le clergé prit le rôle abandonné par les curiales. Investi, par droit de zèle et de dévouement, de la direction des affaires civiques, il devint tout-puissant, et c'est ainsi que les évêques fondèrent tout naturellement leur autorité temporelle dans les cités.

Le vieil empire divisé et détruit, l'Église prit la haute direction des royaumes. Dans le désordre épouvantable qui suivit l'invasion, elle seule survivait au naufrage des anciennes institutions et représentait une grande autorité. Il n'est pas étonnant que les regards des peuples se soient tournés vers elle, comme vers le seul guide qui pût diriger leurs pas dans la voie de la civilisation.

Ce qui était arrivé dans les villes pour les évêques advint en grand dans le monde pour les papes.

L'univers, divisé en lambeaux, déchiré violemment par les barbares, souffrait de tous les maux qu'apporte une tyrannie brutale. Contre la force une seule puissance au monde pouvait protéger les peuples opprimés, celle qui parlait au nom de Dieu : les peuples l'implorèrent, elle répondit à leur appel. « Depuis quelques siècles, dit M. Guizot, on parle à son aise des droits du pouvoir temporel ; mais, à l'époque qui nous occupe, le pouvoir temporel, c'était la force pure, un brigandage intraitable. L'Église, quelque imparfaites que fussent encore ses notions de morale et de justice, était infiniment supérieure à un tel gouvernement temporel; le cri des peuples venait continuellement la presser de prendre sa place. Lorsqu'un pape ou des évêques proclamaient qu'un souverain avait perdu ses droits, que ses sujets étaient déliés du serment de fidélité, cette intervention, sans doute sujette à de graves abus, était souvent, dans le cas particulier, légitime et salutaire [1]. »

Cette page justifie parfaitement l'ancienne suprématie de la papauté.

Si Rome était devenue le tribunal suprême où se plaidaient les grandes causes de l'humanité, ne peut-on pas dire, en effet, que tel était le vœu des peuples, que les rois eux-

1. Guizot, *Civilisation en Europe*, v^e^ leçon.

mêmes proclamaient leur propre soumission, et, en un mot, que l'Église s'était trouvée investie, moralement et du consentement commun, de cette autorité qu'elle déployait dans le gouvernement supérieur du monde temporel? C'était une vraie légitimité.

Voltaire le sent; aussi, quand il vient à apprécier le caractère de l'époque où éclata la grande querelle des investitures, il s'indigne de voir les électeurs, prêts à déposer Henri IV, appeler Grégoire VII dans leurs conseils. « Vouloir faire présider le pape à ce jugement, c'était le reconnaître pour juge naturel de l'empereur et de l'empire[1]. »

Si les princes réclamaient ainsi l'immixtion

1. Voltaire, *Essai sur les mœurs et l'esprit des nations*, ch. XLVI.

du saint-siége dans le temporel, à plus forte raison était-elle avouée des peuples pour lesquels il se montrait toujours secourable.

Qu'on ne parle donc pas d'usurpation et d'envahissement; jamais pouvoir ne fut plus universellement reconnu et mieux légitimé par ses bienfaits.

Cette autorité datait déjà de loin.

Dans les siècles précédents, l'Austrasien Pépin, avant de prendre la couronne, l'avait demandée au pape Zacharie. Et lorsque Philippe le Bel fut excommunié par Boniface VIII, le roi nie-t-il le droit? Non, il en appelle seulement au futur pape. Voltaire le blâme de sa faiblesse, « car, appeler au pape, c'est reconnaître son autorité[1]. »

1. Voltaire, *Essai sur les mœurs et l'esprit des nations*, ch. LXV.

Telle était donc la puissance souveraine des pontifes romains dans la chrétienté. Ils y consacraient les couronnes : la main de Léon III plaça celle des anciens Césars sur le front de Charlemagne. Ils déposaient même les empereurs, témoin l'empereur Henri IV. On vit des peuples se donner à eux selon l'hommage féodal et payer tribut ; des nations lointaines demander à recevoir des chefs de leurs mains bénies. La France se déclarait fièrement la fille aînée de l'Église, le prince s'y qualifiait de Majesté Très-Chrétienne ; le souverain d'Espagne se glorifiait de la qualité de roi catholique ; Henry VIII, aux premiers temps de son règne, reçut le titre de défenseur de la foi.

Ainsi, peuples et monarques reconnaissaient comme à l'envi la suzeraineté du saint-siége.

Peu à peu, chaque nation faisant sortir du chaos ses institutions civiles, et arrivant à pouvoir se diriger seule d'après ses propres lumières, l'autorité de Rome baissa naturellement. Aussi Léon X et les papes de la renaissance ne déposent plus ; leurs légats ambassadeurs ne portent aux princes que des conseils paternels.

Cependant, il est une chose qui entretint longtemps la confusion : c'est que les dignitaires de l'Église étaient tous grands vassaux de l'État. A ce titre, ils avaient droit spécial et même devoir d'entrer dans la politique. Par contre, on vit les rois convoquer les conciles : rien d'étonnant; on y traitait les affaires temporelles, aussi bien que celles de la religion : ils ordonnaient en matière ecclésiastique; cela même se comprend, ils écoutaient leurs conseillers clercs et suivaient l'inspiration des évêques. Dans l'union intime de la puissance séculière et de la puissance religieuse, quoi de plus naturel que chacun abandonnât de ses droits?

Avec la féodalité disparurent ces conditions d'existences factices et temporaires, et tomba peu à peu la confusion que cette double situation portait dans les rapports des deux pouvoirs.

De notre temps, les papes ont entièrement abandonné le terrain de la politique générale; ils n'élèvent plus la voix que dans les questions qui se mêlent à la religion.

De cette suprématie temporelle qui s'étendait sur presque tous les royaumes, qu'est-il resté? Peu de chose matériellement : une banlieue autour de l'auguste capitale et des droits de revendication sur quelques provinces arrachées par la conquête piémontaise.

Mais ce peu est très-respectable.

J'ai trop de foi pour croire le pouvoir temporel essentiel, nécessaire, et m'effrayer aucunement, quoi qu'il arrive, de l'avenir des successeurs de Pierre. L'Église est une institution divine. Je ne crains pas pour la barque. Qui a fait des enfants confesseurs et des vierges martyres saura maintenir des papes indépendants. Le passé est le plus sûr garant de l'avenir; on a vu la tiare soumise à tel ou tel prince, mais la faiblesse de l'homme ne s'est-elle pas toujours arrêtée devant le *non possumus* théologique? Devant le fer d'un

Nogaret demanderait-on une abdication; soyez sûrs qu'on retrouverait Pie IX pour répondre encore, comme Boniface VIII : « *Je suis pape et je mourrai pape.* »

Cependant je considère la puissance royale comme utile à la religion. Dieu se sert le plus souvent des voies ordinaires pour conduire et soutenir selon sa volonté les œuvres qu'il protége; les moyens naturels suffisent à sa sagesse. Or, l'existence libre et indépendante de son Église ne pouvant être mieux assurée, ce semble, que par la souveraineté temporelle, je crois fermement que les évêques de Rome conserveront finalement ce pouvoir, et que le Dieu des armées, à qui reste toujours la victoire, les protégera contre les entreprises de leurs ennemis.

M. Proudhon dit quelque part, à propos de la question d'Italie, que l'Autriche devra éternellement garder Venise du *droit des masses* germaniques à une issue vers la mer. Pourquoi ceux qui admettent ce principe ne reconnaîtraient-ils pas que le pape doit conserver son pouvoir temporel du *droit des masses* catholiques à une représentation indépendante et souveraine[1] ?

La convenance de l'humanité catholique fût-elle un argument qu'on refuse d'admettre pour la défense de la puissance séculière, ne serait-ce point encore assez pour le saint-siége de représenter un gouvernement légitime et national? La conquête piémontaise a dépouillé

1. Voir à l'Appendice, note B.

un monarque aussi respectable que quelque autorité que ce soit au monde; et cette victoire de la force est d'autant plus haïssable, qu'ayant affaire à un gouvernement faible le Piémont a agi avec trahison et au mépris de tout droit des gens.

La cause du saint-père intéresse donc la vertu, l'honneur, la sécurité même des autres trônes.

Mais, regardez aujourd'hui, dit-on, voyez l'union des deux puissances; et jugez s'il est possible d'établir sur ces bases les progrès de la civilisation moderne, telle que nous l'entendons.

A cette objection, je réponds que nous n'avons aucunement la prétention que les Romains soient condamnés au régime despotique. Leur constitution de société n'est pas immuable comme un dogme, et l'absolutisme n'est nullement de nécessité. La liberté politique, telle que nous la comprenons dans nos temps modernes, n'est pas incompatible avec la souveraineté temporelle du saint-siége. Celle-ci peut être modifiée selon les progrès généraux de l'humanité dans le régime civil et politique, et quelque libérale et constitutionnelle qu'elle puisse être amenée à devenir pour satisfaire aux aspirations légitimes des peuples, elle suffira pleinement à protéger l'accomplissement de sa haute mission religieuse.

Il faut toujours discerner dans le pape le souverain temporel, roi et homme comme les autres princes, et le pontife, l'homme officiel de Dieu. Mais, en dehors même de cette distinction essentielle, où d'un côté se trouvent le caractère divin et l'infaillible, de l'autre l'humaine nature, on peut faire l'appréciation générale du saint-siége. Si l'on juge alors, comme il faut le faire pour une aussi grande institution, non d'après quelques hommes en particulier, mais d'après la marche générale, on trouve qu'au point de vue purement humain la papauté a encore été la colonne de feu qui a éclairé les ténèbres du moyen âge. Elle a conduit les nations catholiques dans la terre de lumières, d'où nous apercevons aujourd'hui, si nous ne les possédons encore, les merveilles que peut donner au monde la science, et la prospérité que lui promettent la civilisation et la liberté.

L'Église avait reçu dans ses bras le monde romain expirant. Dans la jeunesse ardente de nos nations catholiques, elle encouragea les armes de l'Europe contre les ennemis de la civilisation, et, poussée par une grande idée politique, les jeta sur l'Asie, leur choisissant ainsi pour champs de bataille les lieux mêmes que consacrait sa foi. Pour assurer l'empire de l'homme dans la science et sur la nature inculte, elle fonda ses légions d'élite, les moines savants et les moines défricheurs. Aujourd'hui que les peuples se sont faits grands, sont devenus plus instruits, plus éclairés, l'Église tend, par la force du progrès civil et politique et la nécessité même des circonstances, à nous abandonner de plus en plus à nous-mêmes, se fiant désormais à notre sagesse intelligente.

A elle, qui découle de Dieu la vérité même, la liberté suffit pour amener les hommes à son obéissance, et il lui est plus glorieux de devoir son triomphe au libre arbitre de l'âme qu'à l'enchaînement des lois et des routines humaines.

M. de Cavour a donc calomnié le catholicisme, lorsque, faisant parade d'un programme qu'il avait la prétention d'avoir ouvert au siècle présent, il a parlé de la grande réconciliation à faire entre l'Église et la liberté[1]. Le souverain pontife n'est en guerre qu'avec la Révolution et le Piémont qui la représente. Laissez le pape libre et son peuple calme ; soyez sûrs qu'il reprendra les errements des premiers jours de son règne. L'Église, si grande par

1. M. de Cavour, discours du 25 mars 1861. Voir à l'Appendice, note C.

elle-même comme puissance spirituelle, est mieux placée qu'aucun autre pouvoir temporel pour faire bon marché de la fausse grandeur qui semble s'attacher à l'absolutisme des princes. Sans amoindrir son prestige dans l'opinion des peuples, fort au contraire elle pourrait les devancer tous dans cette voie. L'esprit catholique, inspirateur de la vraie liberté, ne doit-il pas pousser les papes à continuer dans les temps modernes le grand rôle, qu'ils remplirent si bien au moyen âge, de chefs et d'initiateurs de la civilisation?

Pendant des siècles, le saint-siége a donné l'impulsion au progrès social. Voltaire lui-même rend à un pontife d'autrefois ce témoignage précieux dans sa bouche : « L'homme, peut-être, écrit-il, qui, dans les temps grossiers qu'on nomme du moyen âge, mérita le plus du genre humain, fut le pape Alexandre III. Ce fut lui qui, dans un concile au XIIe siècle, abolit, autant qu'il le put, la servitude. C'est ce même pape qui triompha dans Venise par sa sagesse de la violence de l'empereur Frédéric Barberousse, et qui força Henry II, roi d'Angleterre, à demander pardon à Dieu et aux hommes du meurtre de Thomas Becket. Il ressuscita les droits des peuples et réprima le crime des rois[1]. »

Ce rôle admirable de la papauté ne lui est-il pas naturel? En effet, à qui le monde doit-il le grand principe de la dignité et de l'égalité de l'homme, source de tous les grands progrès

1. Voltaire, *Essai sur les mœurs et l'esprit des nations*, ch. CXCVII.

humanitaires, si ce n'est à la divine religion qui a proclamé le prix égal de chaque âme devant la rédemption du Christ?

L'axiome *hors de l'Église point de salut* est une sentence purement dogmatique. Toutes les religions se contredisant, au moins sur quelques points de doctrine, ne peuvent être également dans la vérité, et inspirées divinement. Mais l'Église n'a jamais tracé les bornes de la bonne foi et de l'ignorance invincible; elle admet le grand nombre de ceux qui, hors de son sein en apparence, peuvent encore se sauver dans les autres religions. Cette fiction miséricordieuse, qui prévient jusqu'aux appréciations intimes de l'homme dans ses jugements sur les personnes étrangères à son culte, suffit pour arrêter les effets de l'intolérance théologique dans son rapport avec les faits apparents, unique domaine où la société civile pourrait condamner les conséquences de l'absolutisme doctrinal. Rousseau n'entendait pas autrement la tolérance ; et le catholique ne peut-il pas dire avec lui : « Je crois qu'un homme de bien, dans quelque religion qu'il vive de bonne foi, peut être sauvé[1] ? » L'Église n'enseigne pas autre chose. Ainsi tombe toute l'argumentation du *Contrat social* qui prétend stigmatiser le catholicisme, en le déclarant impropre à tout autre régime que le gouvernement théocratique.

Quant à la tolérance civile, je la trouve enseignée en plein moyen âge par le plus grand

1. J.-J. Rousseau, *Lettre à M. de Beaumont.*

théoricien du catholicisme. « Le gouvernement humain, dit saint Thomas, dérive du gouvernement divin et doit l'imiter. Or Dieu, bien que tout puissant et infiniment bon, permet néanmoins que dans l'univers il se fasse du mal qu'il pourrait empêcher; il le permet, de peur qu'en l'empêchant de plus grands biens soient supprimés, ou de plus grands maux provoqués... De sorte que les infidèles, bien qu'ils pèchent dans leurs rites, peuvent être tolérés, soit à cause de quelque bien venant d'eux, soit pour éviter un mal[1]. »

Ainsi raisonnait-on dans l'Église, sous saint Louis, en plein XIIIe siècle.

L'Église n'a jamais été en arrière; elle a

1. Voir à l'Appendice, note D.

toujours été en avant. Les philosophes irréligieux, si fiers de leurs escarmouches violentes, n'ont été après tout que les enfants perdus de la grande idée catholique : fous et insensés, qui, perdant la tête comme de mauvais soldats, sont allés dans les ténèbres tirer sur les leurs.

L'Église libre dans l'Etat libre, telles semblent les tendances de l'opinion moderne. Dans les conditions actuelles de nos sociétés, une religion d'Etat n'est pas possible, nous le comprenons. Mais alors ne nous reproche-t-on pas de regretter l'existence de cet ordre de choses devenu nécessaire? « Ce regret, répond un saint évêque qui a écrit savamment sur la question, nous ne l'avons jamais eu, et malgré les désolations particulières à notre siècle, nous y trouvons, dans notre manière de voir, assez de compensations pour l'aimer autant que nous aimerions le plus chrétien des siècles passés[1]. »

A notre époque, l'État tend à devenir de plus en plus indépendant de la religion. Cette forme qu'affecte la société civile n'a rien qui nous répugne, ni qui effraye notre esprit ; en réalité, celle-ci n'a qu'un but parfaitement profane, qui est la prospérité temporelle de ses membres ; et, les moyens nécessaires pour y arriver, nous comprenons qu'elle les possède en dehors des dogmes et de la foi. L'Église n'a fait que l'aider à les acquérir, dans

1. Mgr Parisis, *Cas de conscience*, p. 44.

les temps mêmes où elle dominait le plus. Cette fin unique n'est pas plus immorale et illégitime à poursuivre que celle de toute autre société qui atteint heureusement son but, soit en encourageant l'élève des chevaux, soit en acclimatant les bêtes.

Nous avons tâché d'établir que la liberté de conscience et la tolérance complète ne sont pas incompatibles avec la doctrine catholique. Quant à la séparation de l'Église et de l'État, plusieurs sages, parmi les plus dévoués à la religion, envisagent déjà et désirent pour elle cet avenir. La question des rapports entre le pouvoir civil et le pouvoir religieux s'est débattue dans tous les concordats, et généralement au bénéfice des princes. Lorsqu'on brisera les traités qui enchaînent la liberté et l'indépendance des deux puissances, ce sera certainement l'État qui y perdra le plus.

M. de Cavour, qui a relevé le mot fameux d'un grand catholique, s'était-il fait de bonne foi le champion de cette idée? On peut en douter, à voir l'administration actuelle du Piémont, ses déprédations et ses violences vis-à-vis des évêques, du clergé et des ordres religieux.

Peut-être Dieu, qui tire le bien du mal, fera-t-il servir à ses desseins l'injustice même des passions humaines et tendre les circonstances à cette fin : c'est possible, et cela semble même probable.

L'Église a bien grandi dans les catacombes; pour fleurir, elle n'a besoin que de l'air libre.

Au temps de nos rois et de l'union intime des deux puissances, il y avait du moins un corps de clergé capable de faire des remontrances et de résister. Aujourd'hui, que le niveau démocratique a passé sur toutes les têtes sans remplacer les grandes individualités aristocratiques et les grands corps par des associations ; aujourd'hui, qu'excepté le chef de l'État, et, dans leurs attributions restreintes, les assemblées qu'on nomme politiques, personne n'est plus rien, ni individuellement, ni collectivement : le clergé, lié par les concordats, reste sous la main de l'État sans aucune de ses anciennes garanties contre l'omnipotence du pouvoir.

Nous, catholiques, dans ces conditions de l'existence moderne, regretter une religion d'État! Ne voyons-nous pas déjà trop à quoi assujettissent les faveurs du pouvoir, et ce qui arrive avec une religion protégée?

C'était encore sous le roi Louis-Philippe, quand le même évêque dont je parlais tout à l'heure s'élevait déjà contre les principes, les actes et les tendances de cette politique : « Cette politique, écrit-il, pour qui la religion est une ennemie, quand elle n'est pas une humble et docile servante; cette politique, qui ose dire à Dieu par tout l'ensemble de ses actes : Vous ne posséderez rien chez moi qui ne me soit entièrement soumis; j'entends que vos temples soient mon domaine; que vos prêtres soient mes agents; que votre loi soit un instrument dont l'action sera limitée par mon code; que votre Église enfin soit une de mes administrations; qu'elle ait pour discipline mes décrets, et pour chef un ministre des cultes[1]. »

Le temps a marché; nous avons la triste expérience de curés traités en fonctionnaires salariés, suspendus de payement et semoncés par les préfets, de gardes champêtres surveillant les sermons[2], de M. Rouland, admonestant les évêques[3].

Que l'Église soit libre! Si les Théodose deviennent tyrans, il faut que les Ambroise puissent les chasser du temple!

1. Mgr Parisis, *Cas de conscience*, p. 52.

2. Voir à l'Appendice, notes E et F.

3. Lettre à Mgr de Nîmes, novembre 1861. Voir à l'Appendice, note G.

LÉGITIMISTES LIBÉRAUX

LÉGITIMISTES LIBÉRAUX

Sparte et Athènes, Rome en ses beaux temps de république, telles même que nous les présente le pinceau flatteur des philosophes enthousiastes et des historiens fabuleux qui ont décrit leurs constitutions, n'eurent jamais l'idée de la vraie liberté. Ceux qui, de notre temps, l'ont si fort encensée dans les Grecs et les Romains, ont adoré de fausses idoles. D'un comme de plusieurs, des assemblées souveraines du peuple aussi bien que des décrets d'un monarque absolu, peut sortir le despotisme. Qu'importe alors l'origine ? La tyrannie est égale, plus effrénée peut-être, quand elle vient de la multitude.

Seule la civilisation chrétienne, en déclarant l'État fait pour l'homme, non l'homme pour l'État, et en introduisant dans l'univers le principe de la dignité humaine et de la grandeur personnelle, posa les bornes que devait avoir tout pouvoir : celles du bon et du juste.

Le caractère patriotique ne s'abaissa pas pour cela ; au contraire, il grandit de toute la hauteur que donne à l'âme le sentiment bien compris de son indépendance, et rendit plus glorieux encore le mérite des sacrifices faits à la patrie. On se dut plus rarement, mais on se dévoua plus souvent.

Est-ce à dire que tout soit devenu pour le mieux dans le meilleur des mondes ? Bien peu l'estiment ainsi, et à Dieu ne plaise que je sois disposé à nier tout progrès possible sur l'année de grâce 1862 !

Cependant si nous n'avons pas aujourd'hui tout ce que nous désirons, toujours est-il que les idées et les aspirations libérales courent le monde et ont leur foyer en France. Dans un temps donné, bien vouloir, c'est pouvoir : tôt ou tard nous atteindrons le but.

Quant aux Barbares, par leurs mœurs essentiellement indépendantes ils eurent aussi une grande part dans le développement du sentiment individuel qui fait la grandeur de notre âge. Chez eux, le conseil de la nation était composé de tous les hommes libres. Ils faisaient l'élection de leurs chefs et de leurs rois, et les déposaient à leur gré. Lorsqu'il s'agissait de quelque expédition, un chef se présentait; on se levait pour l'approuver; le suivait qui voulait. C'était très-bien pour une organisation qui n'était point encore un gouvernement.

Inspirée par le christianisme et aidée par les mœurs germaines, comment la liberté a-t-elle fait chemin dans le monde, et où est-elle enfin arrivée ? Les anciennes dynasties ont-elles retenu ou protégé son essor, conduit ou égaré sa route ? Si je prouve, comme c'est mon but, que la vieille monarchie a servi la cause libérale et préparé son triomphe futur, j'espère qu'on pardonnera à la puissance de nos anciens rois, et qu'on ne repoussera pas l'idée que leurs descendants eussent été dignes de conduire la France dans les voies du progrès moderne.

En s'établissant sur le sol de la Gaule, les Franks s'étaient partagé le territoire conquis comme une autre dépouille et se l'étaient divisé tout ainsi que les pièces d'un manteau. La puissance donna la terre, mais bientôt la terre donna la puissance.

Il fallait un ordre quelconque pour fonder une société; on laissa faire la loi de nature qui veut que le fils hérite des biens paternels, et la féodalité naquit. Fille de l'organisation militaire des premiers conquérants, elle suivit l'ordre des grades, et, rivant la terre à la terre, selon le rang de ses possesseurs, fit remonter tout pouvoir et toute puissance jusqu'à la royauté, dernier anneau de la chaîne.

Tel fut le principe fondamental de cette nouvelle société.

Dans cet état de constitution, les droits du roi restèrent ceux du chef qui se doit autant à ses soldats que ses soldats se doivent à lui. « Les rois avaient envers leurs hommes liges des devoirs stricts et déterminés[1]. » Ce

1. A. Thierry, IXe Lettre sur l'histoire de France.

droit au retour en fait de dévouement n'est-il pas la seule et noble façon dont on doit entendre la sujétion et l'obéissance?

Implantés séparément sur leurs terres, les Franks avaient peine à s'y fixer et à prendre leurs racines. Aussi les mœurs germaines avec leurs malls, leurs placites, survécurent longtemps. Dans ces assemblées, ils élisaient encore leurs rois et les déposaient parfois, faisaient des lois et se jugeaient entre eux, déclaraient la guerre ou acceptaient la paix, à moins que, la victoire remportée, ils eussent seulement à décider du sort des peuples vaincus. Lisez Hincmar, le célèbre archevêque de Reims, qui fut mêlé à toute la politique de Louis le Débonnaire et de Charles le Chauve, et vous verrez quelles étaient les attributions des placites sous les Carlovingiens[1]. Sur plusieurs points nous n'en souhaitons pas plus aujourd'hui, et nous n'en demandons pas autant. Que les souverains ne craignent donc point de s'amoindrir en devenant constitutionnels : la gloire et la puissance d'un Charlemagne, qui savait tant accorder aux conseils, auront encore de quoi les empêcher de dormir. Et, d'ailleurs, s'ils sont ambitieux, qu'ils songent combien il est plus beau de dominer par la raison dans les disputes humaines, que de commander dans le silence à la faveur de la force.

Voilà ce qu'était alors la classe conquérante. A côté d'elle que devenaient les cités gallo-romaines? Les Franks s'étaient trouvés gênés

1. Voir à l'Appendice, note H.

dans les villes, n'y avaient point installé leur existence et les laissaient abandonnées; ces guerriers farouches préféraient l'air libre des campagnes; leur main de fer frappait donc quelquefois, mais n'étouffait pas constamment la vie intérieure des municipalités. Puis, les vainqueurs comprenaient tellement le sentiment de l'individualité, qu'ils trouvaient tout simple de laisser leurs lois et leurs mœurs aux villes qu'ils avaient conquises.

Ils s'inquiétaient bien d'ailleurs d'administration et même de gouvernement, ces hommes de guerre et de pillage!

Avec le pouvoir central, les villes n'avaient aucune relation établie, si ce n'est quand, trop opprimées par les seigneurs voisins, elles députaient leur évêque en messager de paix, pour aller remplir à la cour des rois barbares les anciennes fonctions romaines du défenseur. Telle fut même l'origine de l'autorité que les évêques prirent dans la plupart des cités.

Restait la classe des serfs attachés à la glèbe, augmentée des *lites* barbares que les Franks avaient amenés à leur suite. Ceux-ci se groupèrent çà et là dans les campagnes autour des conquérants, dont ils travaillaient les terres et faisaient le service personnel. Quant à cette dernière classe, la plus déshéritée, elle n'avait fait que changer de maître, ou conserver son ancien servage ; le présent ne valait pas mieux que le passé, et ce n'était point encore pour elle qu'allaient se lever les jours meilleurs.

En résumé, où en était la liberté dans les premiers siècles qui suivirent l'invasion ? Elle régnait chez la race conquérante, était tolérée telle quelle dans les cités gallo-romaines, et n'existait nullement ni en droit ni en fait pour la race serve qui occupait les campagnes.

Hugues Capet commença une dynastie nationale.

Dans le désordre que présentait une société aussi diverse et aussi troublée que celle qu'avait établie la conquête, la fortune avait bientôt confondu les rangs; et, tandis qu'on avait vu des Franks descendre dans les classes inférieures, il se trouvait des vaincus élevés jusques aux premiers postes. Dans ces races en fusion, dans ce peuple qui s'unifiait sous l'action du temps, l'élément gallo-romain, par son nombre comme par son intelligence, dominait et gouvernait l'opinion. Les rois carlovingiens restaient la dernière personnification de la conquête; leur chute fut l'œuvre de l'influence prédominante qui en répudiait la mémoire. L'élection au trône d'Hugues Capet et de sa dynastie vraiment française devint le ciment de l'union des vainqueurs et des vaincus en une seule nation.

Quel devient maintenant le rôle de cette royauté?

Installée sur son trône, elle cherche sa voie. Avec un instinct sûr, qui ne la quittera plus, elle voit son but: la féodalité à détruire; et, pour ce grand œuvre, comme il lui faut des ressources et des moyens supérieurs à ceux qu'elle possède, elle va se mettre à les créer en donnant la vie officielle aux communes. Appuyée de ces grands corps, elle pourra plus tard dominer la lutte qu'elle va entreprendre contre les grands vassaux.

Pourquoi M. A. Thierry s'applique-t-il tant à enlever à Louis le Gros la gloire d'avoir signé les premières chartes communales ? Sans doute, lui et ses successeurs ne firent, le plus souvent, que reconnaître d'anciennes libertés, car les municipalités romaines n'avaient jamais complétement péri ; mais ils leur donnèrent ce qui était assez capital : la vie et l'existence légales. Que l'initiative vînt du peuple ou des souverains, la question n'est pas importante à trancher. Les municipes avaient besoin du roi, comme le roi des municipes. D'un côté, c'était l'avantage des communes : « Ces éléments de rénovation sociale n'avaient pas en eux-mêmes le moyen de se lier entre eux, ni de soumettre autour d'eux ce qui leur était contraire... » De l'autre : « Le roi de France trouva dans les villes reconstituées municipalement ce que le citoyen donne à l'État, ce que le baronnage ne voulait ou ne pouvait pas donner : la sujétion effective, des subsides réguliers, des milices capables de discipline[1]. »

Qu'importe encore que les chartes fussent des actes de pure politique, ou des inspirations du sentiment envers ces pauvres villes si souvent opprimées? Qu'importe que ce soit à l'esprit ou au cœur de nos rois qu'il faille reporter l'éloge? En politique, si on ne parle que par

1. A. Thierry, *Histoire du Tiers-État*, ch. II.

des faits, on ne juge que par les œuvres ; elles sont bonnes, rendons grâces.

Louer les rois n'empêche pas d'admirer les peuples. J'aime en vérité ces bourgeois du moyen âge, qui sentaient le prix de la liberté au point de lutter pour elle sans cesse et sans découragement, qui savaient l'acheter de leur sang et de leur argent, comprenant que de sa possession comme d'une corne d'abondance découlent toutes les grandeurs, tous les biens et toutes les prospérités de ce monde. Ils sont les aïeux de nos libertés, et leur mémoire nous est glorieuse.

Certaines institutions municipales semblent avoir traversé tous les siècles depuis l'invasion ; mais, dans la plupart des cités, ce fut par tumulte ou rachat que les habitants préparaient les bases de leurs contrats avec leurs seigneurs. Les rois encourageaient, sanctionnaient. En peu de temps la France se trouva couverte de communes.

Il est curieux de rechercher quel fut dans un mouvement si universel le caractère spécial de chaque région. Tandis que le Midi s'inspirait du spectacle des villes d'Italie qui venaient de ressusciter leurs institutions municipales et de naître à une liberté éclatante de prospérité, le Nord suivait une autre voie. Appliquant ses souvenirs germains à la forme qu'il adoptait, il fonda une commune jurée, fille de l'ancienne guilde des Franks.

Au centre, milieu entre les deux inspirations, une situation s'établit sans caractère accusé, état mixte qui se développa plus tranquillement, mais atteignit aussi des proportions moins marquées vers l'indépendance.

C'étaient en effet des institutions presque républicaines que celles des municipalités du moyen âge.

Les bourgeois nommaient leurs magistrats, votaient leurs contributions, se jugeaient entre eux, et prenaient part à toutes les décisions publiques. Aujourd'hui, que les relations se sont multipliées à l'infini, que la vapeur et l'électricité ont détruit toutes les distances, l'horizon s'est élargi, la scène a grandi, et naturellement nous étendons nos pensers politiques à toute notre sphère d'action ; mais gardons-nous de dédaigner le passé : les bourgeois du moyen âge, qui ne portaient pas leurs vues plus loin que leur cité, étaient bornés par les lieux et par les conditions de l'existence en ces temps-là, mais nullement par les aspirations de leur cœur ou les inspirations de leur raison. Ils valaient mieux que nous, car ils étaient libres dans le cercle de leur existence plus que nous ne le sommes aujourd'hui dans le nôtre; et pour le devenir, croyons bien qu'ils n'avaient pas dû prendre moins de peine, souffrir moins de traverses, employer moins de vertu et de sagesse qu'il ne nous faudrait aujourd'hui même pour arriver à une liberté équivalente.

Les communautés florissaient; les croisades, en ruinant le reste de la nation, étaient tournées à leur profit, car les seigneurs endettés avaient vendu tous leurs droits pour courir en Palestine. Leur prospérité fortement assise sur une excellente organisation intérieure croissait et grandissait chaque jour leur puissance. Les rois, qui avaient encouragé et soutenu leur existence, trouvèrent enfin la grandeur et l'indépendance municipales devenues excessives; l'institution qu'ils avaient fondée dépassait le but.

Donner et reprendre sont chose généralement injuste; cependant il faut avouer que les communes menaçaient, à ce moment, de former une seconde féodalité plus forte que la première, car celle-ci eût été appuyée sur une base collective, et non plus simplement individuelle comme celle qu'avait établie la conquête par les guerriers Franks.

Le pouvoir central pouvait donc croire qu'il avait à défendre ses conditions d'existence, et penser légitime de revenir sur ses concessions antérieures au nom même de l'intérêt public. Laisser aux municipes la liberté administrative, établir seulement l'unité pour les grands intérêts de l'État, eût été sans doute le meilleur moyen de résoudre la question pour le bien des villes et du roi, comme de la nation tout entière; mais cette distinction éclairée entre la centralisation administrative et la centralisation gouvernementale était trop subtile pour ces temps-là, pas assez simple pour ces hommes durs qui tranchaient toutes difficultés du fil de leur épée.

Nous-mêmes aujourd'hui, qui leur reprocherions de ne l'avoir point comprise, l'avons-nous encore introduite dans nos mœurs et dans nos lois, ne souffrons-nous pas de tous les abus d'une centralisation excessive?

La raison d'État qui portait à combattre la puissance des grands vassaux, étant la même pour *mettre les villes dans la main du roi*, le pouvoir se trouva vis-à-vis d'elles sur une pente naturelle d'envahissement. Il était encore temps d'absorber sans lutte les priviléges bourgeois; et la monarchie, loin d'écraser les villes comme des ennemies, put les enchaîner amiablement à son service et sut les gagner à sa propre grandeur.

En s'emparant des éléments les plus vivaces de la nation, et en se faisant le lien qui allait resserrer toutes les existences municipales, la royauté formait la France en faisceau. Ainsi se prépara l'unité française par l'établissement du principe d'un roi commandant souverainement aux villes; dans ce nouveau pouvoir, se trouvait ensemble la puissance de réduire les seigneurs des campagnes ; et, de cette façon, tous les sujets désormais amenés à une même et semblable obéissance allaient entrer peu à peu dans le sentiment, bien fécond lorsqu'il est bien compris, de l'égalité de tous les Français ; égalité dans la grandeur devant la loi, veux-je dire, et non dans l'abaissement devant le despotisme.

Le mouvement commencé par Louis IX et Philippe le Bel s'opéra lentement ; le ménagement était nécessaire envers ces villes, qu'on devait soumettre sans faire éclater de résistance et sans élever de luttes. On les désarma d'abord en leur enlevant l'organisation militaire ; on leur arracha successivement la juridiction civile et grande partie de la juridiction criminelle; puis, on finit par s'emparer de l'administration de leurs finances. Le système ne se compléta que sous Louis XIV. L'abolition du droit d'élection pour les magistrats municipaux détruisit alors dans la législation les dernières traces des vieilles chartes, et la perte des anciennes libertés fut consommée définitivement dans la pratique par l'anéantissement complet de toute velléité de résistance sous la main des intendants de provinces.

Au même temps que les rois, poussés par la nécessité d'État, commençaient à attacher leur politique à réduire la liberté dans les communes, on reconnut que ce n'était point faute d'instincts généreux qu'ils agissaient ainsi, car, alors même, ils favorisèrent son essor dans la classe si misérable des serfs; et nous leur voyons prendre, vis-à-vis de ces déshérités, le rôle bienfaisant de pères de leurs sujets.

Mais avant d'étudier ces époques plus modernes où va se développer l'affranchissement des serfs, jetons un coup d'œil en arrière pour examiner ce qu'étaient devenus les anciens malls franks à travers la grande ère communale.

Les assemblées nationales n'étaient plus comme autrefois des réunions composées seulement de guerriers; les évêques, choisis en grande partie parmi les vainqueurs, avaient voulu garder leur place au conseil, et il s'en était suivi que l'ordre entier avait été admis à y siéger. C'était assez convenable d'ailleurs, car ils avaient pris un rôle politique en se faisant auprès des rois les défenseurs des villes; en acquérant plus tard l'autorité temporelle qui fut la conséquence des charges municipales qu'ils avaient assumées aux temps difficiles, il devenait même juste qu'ils vinssent représenter les intérêts locaux.

Sans être périodiques et rapprochées comme autrefois, les assemblées n'avaient pas cessé d'exister sous la troisième race et s'étaient perpétuées sous le nom de *cours* ou *parlements*.

A la fin du XIIIe siècle, le droit se formant et la législation naissant, plus de science et des lumières spéciales devinrent nécessaires; on y introduisit des gens d'étude et de loi, qui, par la force des choses, y siégèrent bientôt en majorité.

En effet, à chacun son affaire.

Devant des attributions devenues permanentes, et d'ailleurs le plus souvent purement judiciaires, les évêques se retirèrent ; les seigneurs à leur tour s'ennuyèrent et disparurent, ils aimaient guerroyer. Les légistes occupèrent donc la place définitivement.

Le parlement perdait ainsi son ancien caractère politique, et se trouva transformé en simple cour de justice. De cette origine bâtarde naquit cependant la prétention qu'il conserva toujours d'avoir continué le grand conseil des barons, et de représenter encore la nation.

Les rois se trouvaient seuls en face de leur peuple. Ils n'étaient point encore assez forts pour conserver cette situation ; elle ne convenait d'ailleurs pas plus à la sûreté du trône qu'à l'esprit public de ce temps-là. Ils durent donc chercher le moyen de rétablir cette union, et ils le rencontrèrent dans la convocation des États généraux.

Pour gouverner il faut de l'argent, et chaque jour les rois étendant leur action, les besoins croissaient. La nation se divisait en trois parts : les nobles, souvenirs plus ou moins authentiques de la conquête, le clergé, et le peuple proprement dit, comprenant les habitants des villes et les serfs émancipés des campagnes.

La convocation d'une assemblée était une

nécessité pour chaque classe en particulier.

En effet, les seigneurs de tous grades se déclaraient libres de tout impôt et ne devant que le service militaire; le clergé réclamait des priviléges sacrés pour affranchir les biens de l'Église; les villes enfin s'efforçaient, au nom de toutes leurs constitutions, de conserver le droit de consentement à l'impôt, dernière garantie de toute espèce de liberté. On n'avait donc rien de régulier, rien d'assuré dans le revenu, et comme on n'était pas encore assez fort pour prendre il fallut demander. Heureuse nécessité!

Étienne Pasquier fait remonter à Philippe le Bel la première application des États généraux. Épuisé d'argent par ses expéditions de Flandre, ce prince avait eu à réprimer plusieurs soulèvements terribles, à la suite de levées que ses guerres avaient nécessitées.

La dernière campagne n'avait pas été bonne, le roi n'était pas fier; il fit convoquer à Paris une assemblée générale. Il y avait trois classes dans la nation; il y eut donc naturellement trois ordres.

Enguerrand de Marigny, intendant des finances, s'adressant aux syndics, tint un fort beau discours. Les Français sont faciles quand on sait les prendre; et là, d'ailleurs, l'intérêt était national. C'était plus qu'il n'en fallait pour qu'ils ouvrissent leurs bourses toutes grandes.

L'expédient ayant paru bon, on le renouvela : les gouvernements sont toujours besoigneux.

Mais on se fatigue vite de payer; bientôt les belles paroles ne suffirent plus. Cependant, comme l'intérêt public réclamait, on donna encore de l'argent.

Cette fois, on voulut en surveiller la perception et l'emploi. Louis le Hutin dut reconnaître, « tant pour lui que pour ses successeurs, qu'il ne se pourrait à l'avenir lever aucuns deniers dans le royaume que du consentement des trois États, qui en feraient eux-mêmes l'emploi et le recouvrement, pour éviter la dissipation et les concussions dont les exemples étaient si récents[1]. »

Les États généraux s'ingéraient ainsi dans le gouvernement.

1. Boulainvilliers. *Histoire de l'ancien gouvernement de la France*, lettre VII.

Philippe le Bel, tout le premier, les avait mis en voie de prendre part aux affaires générales. Ce prince, engagé dans la lutte avec Boniface VIII, avait senti le besoin d'appuyer sa résistance, car c'était une terrible responsabilité devant les peuples que de se trouver en opposition avec ce suprême pouvoir; il avait donc convoqué les États généraux, afin de rendre la nation solidaire de ses entreprises contre la papauté.

Ainsi, de la main même des rois, prirent-ils des attributions politiques.

Cependant, les souverains ne s'occupaient pas seulement de levées d'argent. Ce même Louis le Hutin rendit une ordonnance pour commander l'affranchissement de tous les serfs qui restaient encore en France, sous le prétexte, rapporte Boulainvilliers, que, s'appelant le royaume des Francs, il désirait que la vérité fût conforme à la dénomination[1].

Il est constant de trouver dans l'histoire qu'au milieu de ces temps pleins de tristes désordres et d'enfantements douloureux, une voix s'élevait de temps en temps, celle du roi absolu, qui, au nom de la loi naturelle, proclamait le droit de liberté pour tous, et au nom de la loi divine réprouvait l'institution du servage[2].

Sous cette inspiration, et sur l'exemple donné par la monarchie dans ses propres domaines,

1. Boulainvilliers, *Histoire de l'ancien gouvernement de la France*, lettre IV.

2. A. Thierry, *Histoire du Tiers État*, p. 23.

dès le milieu du XIIe siècle, l'affranchissement collectif par villages et seigneuries avait couvert d'hommes libres tout le sol de la France. « Ce vaste tableau, s'écrie M. Villemain dans un élan d'admiration, présente partout les rois défenseurs du peuple, fortifiés par sa reconnaissance, à mesure qu'ils allégeaient son esclavage et substituaient enfin l'unité bienfaisante de leur pouvoir à la multitude des tyrannies féodales[1]. »

Quel meilleur éloge se peut-il faire de la dynastie de nos rois?

Le XIVe siècle fut l'ère brillante des États généraux. La monarchie, en lutte avec l'Anglais et le Bourguignon, sentait le besoin d'ap-

1. M. Villemain, *Éloge de Montesquieu*, 25 août 1816.

peler la nation auprès d'elle et de la serrer autour du trône. Celle-ci, toute dévouée à ses princes et à la cause nationale, n'en raisonnait pas moins sur ses mauvaises affaires, et tenait à y garder elle-même la main, afin d'éloigner le désordre qui les aggrave. Aussi, parut-on très-ardent dans la déclaration des droits et des prérogatives.

Les bourgeois, accoutumés à l'ordre administratif de leurs cités, étaient l'âme des réformes. Habitués à la pratique des libertés civiles, ils arrivaient, par la force de la raison, à vaincre l'opinion dans les États généraux et à faire entrer l'esprit de leurs cahiers dans le droit et dans l'usage.

L'Assemblée de 1355 adopta des résolutions qui allaient au delà même de ce que nous regardons aujourd'hui comme garanties suffisantes et sauvegardes de la liberté dans un gouvernement constitutionnel; une ordonnance les confirma, et, par la sanction de l'autorité royale, les consacra et leur donna force de loi.

Dans le désordre qui suivit la bataille de Poitiers et la captivité du roi Jean, les États généraux s'étaient rassemblés tumultuairement à Paris pour organiser la défense nationale et prendre le gouvernement, mais les temps n'étaient pas mûrs, ni les hommes capables de la sagesse nécessaire. Bientôt le désaccord se mit entre les différents ordres : celui de la noblesse, fatigué de lutter dans les conseils, retourna aux champs de bataille; et peu après le clergé se retira. Le tiers état restait, qui n'abandonna pas la conduite des affaires.

Dans son sein, les députés de Paris placés sur leur terrain devinrent facilement les plus importants. A leur tête le fameux Étienne Marcel finit par prendre toute la direction du mouvement.

L'entreprise était insensée pour l'époque de tenter l'établissement d'une démocratie complète. Aussi le plan de Marcel échoua, mais ce fut malheureusement après bien des horreurs politiques et bien du sang répandu.

Quand Paris revint au pouvoir du roi, la nation était justement lasse de tant d'affreuses luttes. Elle avait satiété de ces assemblées dont la dernière venait de marquer ses fastes d'une façon si désastreuse, elle ne demandait que le repos. Charles V s'appliqua à panser ses blessures; elle ne voulait pas davantage. C'est ainsi qu'elle laissa sans résistance percevoir l'impôt, sans plus réclamer de le consentir; grâce à cette inertie générale et à l'abandon de toutes ses garanties, la royauté put entrer dans la voie de l'absolutisme.

« Charles VII, qui gagna ce point, rapporte Commines, d'imposer la taille à son plaisir, sans le consentement des États, chargea fort son âme, et celle de ses successeurs, et fit à son royaume une plaie qui longtemps saignera. »

Commines raisonnait juste. Aujourd'hui, pareils empiétements seraient sans excuse; mais alors les temps n'étaient-ils pas vraiment exceptionnels?

Eh, mon Dieu! peut-on être bien sévère, quand on voit M. A Thierry, le grand historien de nos anciennes libertés, se consoler lui-même de leur disparition par la vue des bienfaits qui sont enfantés? « Il y eut, écrit-il, pour la partie privilégiée du tiers état, diminution des droits politiques; mais la forme de la monarchie moderne, de ce gouvernement destiné dans l'avenir à être à la fois un et libre, était trouvée; les institutions fondamentales existaient, il ne s'agissait plus que de les maintenir, de les étendre et de les enraciner dans les mœurs[1]. »

Dépouillés, par l'établissement de l'impôt permanent, de cette prérogative qui leur assurait la périodicité, les États généraux restèrent au trône comme une grande ressource pour

1. A. Thierry, *Histoire du Tiers État*, p. 64.

les besoins extraordinaires. Si l'institution perdit son caractère d'élément essentiel dans le gouvernement, elle fut loin cependant d'être détruite et oubliée ; les rois se la rappelaient aux moments de crise. Dans les temps de paix et de tranquillité, on vivait au jour le jour des revenus accoutumés; mais lorsque venaient des époques difficiles, des temps de guerre, la nation était appelée au secours; et, en même temps qu'on l'envoyait aux champs de bataille, pour donner son sang, on la convoquait dans les comices pour apporter son argent.

Dans ces assemblées, le ton restait toujours aussi fier ; en effet, qu'entend-on aux États de 1484 ? Un sire de La Roche, qui se lève en face du trône pour proclamer que la royauté est un office, non un héritage, et que, sans la sanction des États, rien n'est saint ni solide dans la loi. Ces déclarations restaient comme leçon, mais l'opinion publique ne tendait pas encore à changer la marche de la monarchie qui venait enfin avec Louis XI de jeter les bases les plus décisives de son unité.

« On dirait que ce fut la destinée ou l'instinct de la nation française de ne point vouloir sérieusement la liberté politique tant que l'égalité serait impossible[1]. »

En effet, loin de se jeter dans les voies nouvelles qui auraient tendu à tout changer, les assemblées ne s'appliquaient guère qu'au re-

1. A. Thierry, *Histoire du Tiers État*, p. 74.

dressement de quelques griefs matériels. Cependant, par leurs cahiers, elles marquaient glorieusement leur souvenir et se signalaient, à chaque apparition, par une action bienfaisante sur le pouvoir.

Les assemblées de 1560 furent la source où puisa L'Hôpital pour préparer sa célèbre ordonnance d'Orléans; celles de 1576 inspirèrent l'édit de Blois.

Les États de 1588, célèbres par la mort des Guises, réclamèrent qu'on ne pût révoquer les les ordonnances faites à leur requête, et qu'en leur absence le parlement gardât toute liberté pour cet enregistrement, promulgation nécessaire pour faire loi, qui s'imposait si souvent par lit de justice.

Henri IV eut un parlement et des notables.

Quand il parlait de se mettre en tutelle entre leurs mains, c'était beaucoup, disait-il lui-même, de la part d'un victorieux et d'une barbe grise; je crois cependant que le bon roi se vantait à Gabrielle, quand il prétendait sous-entendre que c'était l'épée au côté. Il aimait trop la France pour ne pas écouter sa voix. Mais le pays ne sentait point alors de besoins politiques; calme enfin après tant d'horribles troubles, il se reposait dans la prospérité, et sans peine confiait le soin de ses affaires et de son bonheur au prince béni qui rêvait de tout son cœur la poule au pot pour tous ses sujets.

Aux États de 1614, convoqués pour chercher le remède aux désordres financiers qui avaient signalé la régence de Marie de Médicis, un antagonisme stérile se déclara entre les deux premiers ordres et le troisième, éclat fâcheux, où la noblesse montra une hauteur malentendue; le tiers, un sentiment de l'avenir orgueilleux, mais légitime.

Le cahier de 1615 développa des vues si éclairées et si pratiques, que ce sont les premières conquêtes de notre progrès politique. Il demandait l'égalité, devant la loi, de tous, même des clercs, et la voulait devant les tribunaux comme devant l'impôt; il réclamait l'unité dans la juridiction judiciaire, l'unité dans la législation commerciale, enfin l'unité partout. Plus les temps s'avançaient, plus le but s'éclairait.

Ces aspirations de la nation étaient justes et inspirées par la raison, mais elle comprit d'instinct les nécessités de la politique, et sut sacrifier généreusement le présent à l'avenir : avant de pouvoir régner en France, la liberté devait encore pâlir. Pour briser les dernières résistances, pour achever l'œuvre première, il fallait le bras d'un dictateur.

Richelieu et Louis XIV remplirent la mission. Fatalité exceptionnelle et heureusement rare dans la vie des peuples!

De nos jours, je le sais, on n'a pas autrement justifié le pouvoir absolu de Napoléon Ier; mais qu'on y réfléchisse, et l'on se gardera de confondre un système fondé par la peur, applaudi par la mollesse, avec celui de Louis XIV, nécessité par la politique.

Revenons au cours de notre sujet, et voyons

ce qu'étaient devenus les parlements. Nous avons dit plus haut comment ce corps s'était transformé. Grâce à Dieu, nous ne sommes plus au temps où, en sa qualité de gentilhomme, on déclarait ne savoir signer; mais on comprend que dans ces siècles d'armes et de guerres, la vie que menaient les seigneurs était trop rude pour leur laisser le loisir ou le goût de s'attacher aux travaux de longue réflexion et de science. Par suite de ces conditions de l'existence chez les nobles, les universités avaient été remplies par les bourgeois; là, se formaient dans l'étude du droit romain les hommes capables et savants qu'un peu plus de civilisation dans la société et de gouvernement dans l'État, un peu moins de justice sommaire dans les mœurs, rendaient nécessaires dans le conseil des rois.

Les légistes malheureusement, par leur naissance vulgaire, se trouvaient dégagés des prétentions des hautes classes sur leur indépendance vis-à-vis la couronne, et par leurs études étaient imbus au contraire de la jurisprudence romaine des derniers temps de l'empire. Aussi encourageaient-ils de toutes leurs théories, en dehors comme en dedans du parlement, les aspirations de la monarchie vers le régime absolu; et c'est ainsi qu'ils développèrent dans l'esprit public l'idée que le pouvoir royal personnifiant l'État, tout lui était dû et permis. C'était aller beaucoup trop loin; il eût suffi, semble-t-il, d'accepter l'absolutisme comme un simple fait, puisqu'il pouvait être utile pendant un certain temps, sans qu'il y eût besoin de l'ériger en principe fondamental de la monarchie. Par ces flatteries dont la nation était complice, la dynastie se perdit elle-même, en gardant, par delà l'accomplissement de sa mission le pouvoir despotique et arbitraire.

L'opinion publique a l'intuition parfaite de ce qui est bon et nécessaire; elle soutint les rois tant que leur mission pour l'unité ne fut pas accomplie; elle se retira d'eux quand la nécessité devint illusoire, et qu'ils ne la gardèrent plus comme Louis XV que comme un droit personnel.

Cependant, à l'œuvre, le parlement se montra meilleur que ses principes, servit la cause indépendante et prit en main, autant qu'il en eut le pouvoir, la défense des libertés nationales.

Après la dissolution des États généraux de 1614, il restait le plus grand corps de la nation ; en cette qualité, il se fit souvent l'interprète du peuple, pour exprimer ses souffrances, exhaler ses reproches, présenter ses requêtes et réclamer en faveur de ses espérances. L'opinion publique, restée sans représentant, s'attacha à lui, et s'intéressa à son sort jusqu'aux jours de la fin de l'ancien régime, alors que pour la dernière fois reparurent les États généraux.

Le parlement s'attribuant le rôle des États, et prétendant tenir leur lieu et place, continua de parler pour les réformes. Peu après leur dissolution, il réclama dans ses remontrances tout ce que ceux-ci avaient demandé.

La cour résistant, après avoir convoqué les pairs du royaume au conseil, il les appela aux armes. Les protestants saisirent le prétexte et se soulevèrent; il fallut du temps pour rétablir la tranquillité. Mais parut Richelieu.

Richelieu n'assembla que des notables; c'était suffisant pour éclairer la marche, pas assez pour embarrasser l'action omnipotente de sa politique. Il fut la main de fer qui seule pouvait briser les dernières barrières qui retenaient la France dans le régime féodal; il abattit les derniers donjons et déchira les dernières chartes municipales.

La chute de l'aristocratie féodale établissait l'égalité devant la loi, et l'abolition des priviléges des cités fondait l'unité gouvernementale. Quelle puissance acquérait l'État, et quelle carrière immense n'allait pas s'ouvrir à l'avenir d'une nation formée d'un peuple entier de citoyens élevés par le sentiment de leur indépendance et de leur dignité, stimulés au bien et au travail par l'espoir du succès, et par l'assurance d'arriver par eux-mêmes, s'ils s'en montraient dignes, à tous les postes comme à toutes les renommées, à la fortune comme à la gloire!

Telles étaient les voies magnifiques qui se présentaient à l'émulation des modernes et aux progrès des temps nouveaux.

Richelieu étant mort, et Louis XIII l'ayant suivi bientôt après dans la tombe, le parlement reprend son rôle et paraît sur la scène, disputant la régence à Anne d'Autriche et soufflant la résistance, au point de soulever Paris et de jeter la guerre civile en France.

La paix de Saint-Germain consacra ses prétentions, car l'acte final de cette pièce lui assurait l'immixtion dans les affaires d'impôts et dans la politique générale.

En accordant le contrôle, l'absolutisme signait sa déchéance. Mais le parlement ne sut pas répondre à ses nobles prétentions de modérateur de la monarchie. Après avoir fait la guerre pour les idées, il la continua misérablement pour des questions de personnes.

La France, fatiguée de troubles si longs, et abusée par la petitesse des intrigues qui faisaient mouvoir la Fronde, n'avait pas soutenu sérieusement le mouvement. Le parlement ne trouva donc personne pour le plaindre, lorsque vint l'ordonnance de 1652, qui déclarait le retrait de toutes les anciennes concessions.

Le pays n'était pas disposé aux regrets : on allait le voir applaudir de si grand cœur à la grandeur de Louis XIV !

Sous l'habile Mazarin, le parlement avait encore montré certaine agitation; il rentra dans le silence, et ce fut pour longtemps. Louis XIV est un de ces hommes pour lesquels est fait ce mot de la Bible : « *La terre se tut en sa présence.* »

Aujourd'hui, si loin de ces temps et de ces idées, on comprend et souvent même on admire.

Voltaire, ardent contre la tyrannie partout où il croit en trouver l'apparence, écrivit de lui cet éloge qu'on pourrait prendre pour la définition même du bon prince : « Il ne sépara pas sa propre gloire de l'avantage de la France, il ne regarda pas le royaume du même œil dont un seigneur regarde la terre de laquelle il tire tout ce qu'il peut pour vivre dans les plaisirs[1]. »

Mais Louis XIV était le héros de Voltaire, et Voltaire portait la passion dans l'histoire. Alors écoutez M. Guizot, le juge froid et impartial :

« Je conviendrai, écrit-il, qu'il n'y a jamais eu peut-être de pouvoir plus complétement

1. Voltaire, *Siècle de Louis XIV*, ch. XXIX.

avoué de son siècle et de son peuple, ni qui ait rendu de plus réels services à la civilisation de son pays et de l'Europe en général [1]. »

Louis XIV avait dit : l'État c'est moi. Ce mot fut vrai. Prenez-vous-en au peuple qui personnifiait en lui la grandeur de la France. Nous pouvons juger encore aujourd'hui, en lisant les écrivains de son siècle, et en le voyant glorifier par tous, du concert unanime d'amour et de sympathie dont témoigne l'histoire. N'importe ; ce mot révolte l'esprit, dites-vous ; eh bien, moi, vous l'avouerai-je, il me touche le cœur, quand je vois le monarque, sa gloire perdue, ses armées détruites, son pays en famine, humilié dans ses

1. Guizot, *Hist. de la civ. en Europe*, p. 400.

ambassadeurs devant les bourgeois de Hollande, toute sa puissance ébranlée par la mauvaise fortune, et sa famille frappée par la mort, au point de douter de l'avenir de sa race, relever sa vieille tête et s'écrier la veille de Denain : « Si nous sommes vaincus, eh bien! je monterai à cheval, je marcherai à la tête de mes Français, je leur demanderai leur dernier écu, leur dernier homme, et nous irons *périr ensemble ou sauver l'État*[2] ! »

Louis XIV avait bercé son peuple de tous les rêves de la gloire; toujours au moins avait-il commandé l'admiration, même au temps de nos plus grands malheurs, par le spectacle d'une réelle et suprême grandeur, dans son gouver-

1. *Mém. de Villars.*

nement comme dans sa propre personne.

Pourquoi lui reprocher d'avoir étouffé l'esprit national? Mieux peut-être que par un suffrage universel, le grand roi paraît dans l'histoire comme le chef agréé du peuple. « Ce régime ennemi de la liberté aussi bien que du privilége, et dont la seconde moitié du XVIIIe siècle nous montre l'épanouissement splendide, la nation ne l'avait pas subi, elle-même l'avait voulu résolûment et avec persévérance; quelques reproches qu'on pût lui faire au nom du droit naturel ou du droit historique, il n'était point fondé sur la force ni sur la fraude, mais accepté de la conscience de tous[1]. »

1. A. Thierry. *Hist. du Tiers État*, p. 189.

On se demande comment il se fit que Louis XIV fut si bien l'homme de son temps et de sa nation. On aime la gloire en France, et son règne fut glorieux. Mais encore : c'est que la raison, le bon sens public voyaient par instinct dans Louis XIV, comme ils avaient accepté dans Richelieu, un des fondateurs de l'unité française et un des pères de la civilisation moderne ; celle-ci établie par l'égalité civile, celle-là basée sur la destruction des entraves intérieures et sur la concentration des forces de l'État, sources du progrès magnifique promis au développement individuel et à la grandeur nationale.

La France avait accepté de grand cœur ces deux longues dictatures ; justifiées par les bienfaits d'une administration ferme et sage, elles n'avaient pas paru trop rudes ; mais un tel système n'était pas fait pour durer dans un pays où la liberté avait eu de tels aïeux que les guerriers qui formaient les malls des anciens temps, que les députés libres et éclairés des États généraux, et même que les remontrants des parlements.

A la mort de Louis XIV, le parlement releva la tête, et l'esprit de liberté reprit action sous cette forme. Le grand roi succombait à peine, que, voulant prendre part à l'héritage et faire preuve d'autorité politique, il cassa son testament. Depuis lors, il continua constamment de se mêler bon gré, mal gré, à toutes les affaires de l'État. Resté la seule grande institution de la monarchie et l'unique refuge capable d'abriter la résistance, il fut encouragé par l'opinion publique, et grandit sa position au point de représenter souvent l'esprit national d'indépendance : « Il fut la chaîne légale qui, à travers les États généraux dont il provoqua la dernière convocation, conduisit au nouvel ordre de choses dans lequel il disparut lui-même[1]. »

Sous le règne de Louis XV, la cour de Paris fit beaucoup de bruit et de remontrances, agitation stérile et insuffisante. Le parlement, à cause même de son origine royale, ne représentait pas assez la nation pour en imposer au trône, et les réformes ne se faisaient pas.

Gardons-nous cependant, en regardant ces

1. A. Thierry, *Hist. du Tiers État*, p. 236.

tristes temps, de dédaigner le passé : à l'époque de nos écarts, nous avons été plus bas dans l'absolutisme, car souvent le servilisme de l'intérêt a remplacé ce qu'on appelait le service du roi, dévouement de cœur à la personne, qui la suivait parfois dans tous ses égarements, c'est vrai, mais qui, dans sa spontanéité généreuse, n'en laissait pas moins l'âme haute et fière.

Un grand publiciste que le progrès le plus avancé peut avouer, M. de Tocqueville, a écrit un jour : « qu'on aurait bien tort de croire que l'ancien régime fut un temps de servilité et de dépendance, qu'il y régnait beaucoup plus de liberté que de nos jours[1]. »

1. *L'Ancien régime et la Révolution*, p. 205.

J'accepte, pour terminer, ce jugement d'un homme que peu récuseront, j'espère.

Quatre-vingt-neuf n'a été que la suite du système antiféodal de la royauté, et l'épanouissement de ce qui se développa de bon et de généreux dans le grand mouvement des idées du XVIIIe siècle.

Ai-je besoin de faire une profession de foi sur les fameux principes qui portent le nom de cette époque? Nos chefs les ont approuvés maintes fois d'une façon éclatante[1].

On ne renie pas les progrès légitimes, utiles et glorieux. Bien au contraire, on s'en glorifie; et nous rendons grâces à la France

1. De Falloux, *le Parti catholique*. Appendice, note I. Berryer, Discours sur la révision de la Constitution. Appendice, note J.

entière et à son monarque, qui les adoptèrent si unanimement. Ils avaient alors, roi, noblesse et clergé, du dévouement à le faire ; nous n'aurions aujourd'hui que de l'aveuglement à ne pas les reconnaître.

Les principes de 89 sont si sacrés, que le souverain actuel lui-même, pour faire passer à l'approbation du peuple la constitution de 1852, s'est cru obligé de les inscrire à la première ligne du premier article, et de rendre hommage à ce grand souvenir de l'ancien régime, en s'inclinant devant eux[1].

Quatre-vingt-treize a poussé l'excès du sys-

1. Constitution de 1852, et déclaration des droits de l'homme, résumé officiel de ce qu'on comprend généralement par les principes de 89. Appendice, note K.

tème d'unité et de centralisation jusqu'à l'absurde en théorie, jusqu'à une abominable tyrannie dans la pratique. Après avoir détruit les priviléges politiques de la noblesse, on attaqua ses propriétés privées. Après avoir centralisé le pays pour la défense, appelé tous les citoyens aux armes, et réclamé justement le sang français pour les champs de bataille, le comité de salut public arriva à ce point de despotisme qu'il versait sur l'échafaud celui des citoyens déclarés simplement suspects de ne pas penser comme lui. On poursuivait au prix du sang l'unité jusque dans le for intérieur!

Que ne s'était-on arrêté aux principes de 89!

Louis XVI comprenait les besoins nouveaux, comme avant lui le duc de Bourgogne, élève de Fénelon, les avait déjà entrevus et avait ambitionné de les satisfaire ; ceux qui lui ont ôté la vie ont voulu lui enlever cette gloire ; mais l'histoire lui rend déjà cette pleine justice : que presque toutes les réformes civiles dont nous jouissons aujourd'hui, ou les réformes politiques que nous désirons le plus ont été projetées par lui.

Les rouages de l'État pouvaient être changés, mais la populace, en sa folie, préféra faire éclater la machine. Dieu sait dans quelles douleurs et dans quelles ruines fut jetée toute la nation, si bien, qu'après avoir fait tant de bruit au nom de la liberté, le pays se trouva presque heureux de tomber dans les mains d'un despote, tel qu'on n'en avait jamais cru possible en France.

Le sol déblayé, il faut reconstruire; on a essayé; au premier tremblement tout a croulé! Que faire?

Assurer le pays contre les révolutions de Paris, œuvres d'aventure et de surprise. Pour maintenir le calme et la santé, il est nécessaire de faire équilibre dans l'organisme, et d'attirer le sang et la vie dans tous les membres. Le remède est physique; on l'emploie chaque jour pour son corps. A moins de consacrer la périodicité de l'état révolutionnaire, il faut donc modifier notre législation centralisatrice, « *initier peu à peu les habitants dans leurs affaires, les y intéresser avec le temps, créer des intérêts locaux, et surtout fonder, s'il est possible, ces habitudes et ces idées légales, qui sont, à mon avis,* dit M. de Tocqueville, *le seul contre-poids possible à la démocratie*[1]. »

Un décret, un règlement de ministre ne suffisent pas à un si grand ouvrage : l'esprit et les tendances générales peuvent seuls y conduire et assurer le succès du système. L'opinion publique comprend maintenant, et semble désirer ces garanties d'une administration progressive et éclairée. Il se développe dans ce sens un mouvement remarquable chez la nation, d'après lequel il semblerait qu'elle tend aussi bien à prendre en main ses affaires municipales, cantonales, régionales, qu'à se

1. *Œuvres et Correspondance inédites*, d'A. de Tocqueville. Paris, 1861.

mêler à toutes celles du haut gouvernement.

En dehors de tous ces corps politiques, il faudrait aussi, pour donner au pays une vie éclatante de prospérité, qu'une liberté d'association sagement réglée permît aux intérêts collectifs d'être représentés, afin qu'ils fussent à même de se faire écouter de la nation comme du trône, quand ils auraient à réclamer des droits ou à exprimer des vœux. Ce serait une garantie pour la justice, en même temps qu'une assurance pour la satisfaction légitime de tous les intérêts.

Quel retour n'aurions-nous pas à faire sur le passé, pour revenir aux temps où, sous nos rois, même les plus absolus, il y avait encore pour les villes, les provinces, les corps d'états et de métiers, tant de traditions et de vestiges des anciennes libertés !

La centralisation gouvernementale, suprême unité qui doit exister pour les grands intérêts de l'État, avait nécessité l'abolition de chartes précieuses comprenant mille traces heureuses d'un *self-government* bien entendu. Nous avons dépassé toutes les bornes, et depuis 89, il y a trop longtemps, hélas ! que nous nous sommes égarés en avant.

Pour fondre ce superbe joyau de la couronne moderne de France, il avait fallu jeter au creuset tous les vieux diadèmes féodaux. Depuis soixante-treize ans l'œuvre est faite ; c'est trop tarder de soigner les détails et d'enrichir tous les fleurons de libertés locales et particulières.

Mais je m'emporte loin du sujet. Assez d'histoire, tirons les conséquences :

Qu'ai-je voulu prouver dans ce rapide coup d'œil jeté sur le passé de la France? Une vérité qui me semble historique : c'est que la dynastie que l'on appelle légitime a été toujours au pas de la nation, souvent même en avant. Lorsqu'elle paraissait le plus séparée des intérêts qu'elle servait ainsi sous l'absolutisme, quand elle brisait les entraves féodales, le peuple l'approuvait et ne l'abandonnait pas.

Est-ce à cause de son antiquité, que l'on a dit la race et le parti usés, incapables, et désormais condamnés? Cette appréciation est injuste : cette ancienneté même ne peut que faire présumer en leur faveur; elle prouve qu'ils savent se modifier selon les époques, puisqu'ils ont réussi à marcher si longtemps d'accord avec la France. Les légitimistes libéraux ne rappellent pas de leurs vœux le retour d'un passé absolu qui serait aujourd'hui sans raison, puisque l'égalité civile et l'unité gouvernementale sont faites; ils comprennent le progrès social, et je ne laisse à personne le droit de dire qu'il est plus dévoué que nous à la liberté et à la grandeur de tous les Français. Comme tous les autres, n'en sentons-nous pas le prix, et ne voudrions-nous pas en jouir avec le plus d'étendue possible?

Je mets toute ma raison à aimer l'Angleterre, et j'admire la façon merveilleuse dont fonctionne son gouvernement, si puissant au dehors, si soumis à l'opinion et à la nation au dedans, que chaque citoyen peut, avec orgueil, prendre sa part des événements, et se rapporter la gloire de son pays.

« J'aime, écrivait un sage, que dans l'État il existe un principe éminent et royal, qu'une autre portion du pouvoir soit acquise et donnée à l'influence des grands, et que certaines choses soient réservées au jugement et à la volonté de la multitude. »

Ne croyez-vous pas que je rapporte ici un éloge et une définition faites pour le gouvernement anglais ?

Non, ces lignes sont l'idéal du grand Cicéron; c'est lui que je cite et qui écrit ainsi en rêvant sur la meilleure des républiques[1] !

On n'a rien trouvé de mieux que ce système de pondération politique, et il serait encore modèle aujourd'hui.

L'aristocratie, ses priviléges perdus, n'étant plus qu'un nom, et ne représentant rien de réel, où prendre les grands? Partout dans le pays : quelques rejetons de noble race, si l'on veut, lustre historique de la nation ; mais surtout les sommités de l'intelligence, les chefs d'opinions, les grands représentants d'intérêts collectifs; vous aurez ainsi la meilleure des chambres hautes.

1. Villemain, *la République de Cicéron*, l. I, § XLV.

Les philosophes admettent généralement la monarchie comme type de gouvernement. La force nécessaire pour imposer l'exécution des lois et pour gouverner, ne pouvant se trouver que dans l'unité d'action, il faut bien la confier à un seul homme.

Rousseau voulait une monarchie avec un roi révocable à chaque comice, et une souveraineté populaire exercée sans représentation.

Quoique lui-même fasse justice de son propre système, en disant qu'un gouvernement si parfait ne convient pas à des hommes[1], il faut cependant examiner cette théorie, car elle

1. Rousseau, *du Contrat social*, liv. III, ch. IV.

se rapporte à certaines fausses idées qui courent le monde.

Le *Contrat social* repousse toute représentation : pas de possible, dit-il, car la volonté est un fait purement individuel. C'est vrai, on ne peut représenter la volonté; mais est-ce bien là le rôle du représentant? Non, car le peuple lui-même ne pourrait rendre juste tout ce qu'il voudrait; consulté, il ne ferait qu'exprimer son sentiment sur la bonté de la chose, et telle ou telle proposition ne passerait en loi que parce que le consentement commun ferait présumer sa justice.

Eh bien, cette mission de confiance, pourquoi le citoyen ne pourrait-il pas s'en détacher et la donner à son député, de même que chaque jour on confie ses affaires à un plus habile que soi, ses procès à un avocat, son argent à un banquier ?

« Ce qu'on appelle la représentation, n'est autre chose que le moyen d'arriver à ce résultat. Ce n'est point une machine arithmétique destinée à recueillir et à dénombrer les volontés individuelles. C'est un procédé naturel, pour extraire du sein de la société la raison publique, qui seule a le droit de la gouverner[1]. »

Passons à l'hérédité.

En théorie, c'est mauvais : l'empire devrait être au plus digne ; mais en théorie seulement, en pratique il faut accepter les pis aller comme bonnes institutions. Il ne s'agit pas de raisonner

1. Guizot, *Hist. du gouvernement représentatif*, t. II, p. 150.

sur la nature qui conviendrait à l'homme, mais bien de le prendre tel qu'il est, et d'en tirer parti tel qu'il se comporte. L'histoire de l'empire romain et celle de la Pologne sont là pour exemple; elles instruisent à éviter le déchaînement des passions, et les horribles désordres que suscite en tout temps le droit d'élection.

D'Argenson, qui, dans ses *Considérations sur la France*, s'élevait si hardiment contre les priviléges héréditaires de la noblesse, trouve ceux de la royauté, au contraire, rationnels, justifiés par la nécessité : « Dans un combat de principes, écrit-il, tout droit se tourne au moins dangereux ; c'est ainsi que pour l'élection d'un roi de Perse, on convint d'obéir à celui dont le cheval ferait le premier hennissement; de même et pas autrement, s'est-on donné à celui qui naîtrait le premier d'un tel homme ou d'une telle femme[1]... »

Nous avons justifié rapidement la représentation nationale et la monarchie héréditaire; arrivons au régime constitutionnel.

Il y a des gens qui, comme Pangloss, trouvent tout bien : le château de monsieur le baron le plus beau des châteaux, et madame la baronne la meilleure des baronnes. Il y a d'autres gens qui se disent lassés, et ne demandent que le repos, le repos quand même. Mais il y a des hommes qui pensent en eux-mêmes ce mot d'une vertu antique : « *Malo periculosam libertatem quam quietum servi-*

1. D'Argenson, *Considérations sur la France*, ch. IV.

tium. » Généreux sentiment, que M. de Tocqueville a traduit pour notre temps, lorsqu'il écrivait : « Je ne veux pas être confondu avec ces amis de l'ordre qui feraient bon marché du libre arbitre et des lois, pour dormir tranquilles dans leur lit [1]. »

Ce régime de liberté, nous le croyons d'abord possible sans tant de troubles, et d'ailleurs, absolument nécessaire au progrès de la civilisation et à son plus grand essor. Nous le voulons donc, et nous le voulons mieux encore, et plus populaire que la monarchie bourgeoise de 1830, qui n'entendait gouverner qu'avec des électeurs à deux cents francs. Un des grands griefs du parti de la réforme en 48

1. Lettre à E. Stoffels, 1836. *Œuvres et Correspondance inédites*, t. I, p. 432.

fut que le gouvernement ne daignait pas descendre aux plus petites bourses.

Mesurer la capacité à l'argent est, je le sais, une fausse manière d'apprécier les individus ; mais lorsqu'il s'agit d'hommes en général, il faut reconnaître que la quotité du cens fait supposer justement une supériorité d'instruction et de lumière, qui existe en effet pour le plus grand nombre de ceux qui font partie des classes riches.

Nous comprenons cependant que dans une société arrivée au point où nous sommes, le peuple entier est assez éclairé pour prendre certaine part à ses affaires. Il serait incapable de juger ses lois, et je ne veux pas, comme Rousseau, qu'il les fasse toutes ; mais je trouve juste qu'il nomme ses représentants.

On peut avoir l'idée de le laisser dans sa sphère, d'organiser l'élection à plusieurs degrés, car la capacité d'électeur doit avoir son échelle ; mais il faut qu'il reste toujours la base de la représentation, comme il est celle de la société.

Quel que soit le système adopté, le principal est encore qu'on en respecte la pratique ; sans la liberté dans l'élection, le suffrage est une duperie.

Je ne crois même pas, comme M. Baroche, qu'une fois la loi posée le gouvernement conerve encore aucune *charge d'âmes*. Le pouvoir actuel est souverainement intelligent et sagement initiateur, je le veux ; je repousse cependant cette direction générale des consciences politiques. Les désirs des pouvoirs ne sont-ils pas presque toujours des ordres pour la multitude, et lorsqu'on va jusqu'à mêler dans la lutte l'autorité personnelle d'un nom souverain, n'est-ce pas méconnaître l'esprit tout libéral de la loi ?

Combien le peuple agissant seul et en dehors de toute direction gouvernementale se montrerait, dans ses choix, plus éclairé, plus sage qu'on ne le croit, plus droit qu'on ne le prétend !

Si quelque part il porte des rouges en avant, eh bien, tant mieux : la vue de l'ennemi tient en éveil.

La noblesse a été la première en 89 à immoler ses priviléges, et ce sera son éternel honneur ; que la bourgeoisie prenne donc son parti du suffrage universel, et sacrifie de bon cœur au profit du peuple ses prétentions pour le suffrage restreint, s'il lui en reste encore.

Après le suffrage universel et libre, que nous faut-il? Les garanties nécessaires à tout gouvernement constitutionnel.

La publicité d'abord : pour éclairer la voie, pour informer devant le peuple sur les hommes et sur les choses, pour maintenir la morale publique et politique, préciser les abus et les montrer au doigt, venger l'honneur des causes perdues, enfin faire faire leur chemin aux idées, et présenter à la nation les pétitions que les gouvernants mettraient dans leurs poches.

Après la publicité, la responsabilité des

agents du pouvoir. Un monarque inviolable, c'est assez dans l'État ; il faut des boucs émissaires qu'il puisse sacrifier à ses fautes pour obtenir grâce de la nation, ou qu'il abandonne, même en proie innocente, aux caprices de l'opinion, à qui revient, après tout, le droit de direction politique dans un gouvernement constitutionnel.

Faute d'avoir compris ce principe essentiel à tout pouvoir représentatif, et de n'avoir pas voulu changer ses ministres, Charles X donna des prétextes, et exposa sa couronne.

Je m'arrête... On m'attend là pour me prouver que les Bourbons n'avaient pu marcher ni avec le progrès, ni avec le gouvernement constitutionnel.

Le gouvernement constitutionnel! Mais la révolution de Juillet en sapait les bases. Quelles sont-elles, en effet? La responsabilité des ministres et l'inviolabilité de la personne royale. On pouvait mettre en jugement tous les membres du cabinet, imposer au roi de signer la condamnation du prince de Polignac, s'il était coupable; mais il n'était pas légal de toucher au trône.

Les vainqueurs de 1830 regardèrent l'Angleterre; ils se crurent bien sages de l'imiter : une branche royale, mais cadette, une élection par des députés, leur semblaient un atermoiement merveilleux entre la légitimité et la souveraineté populaire.

Le remède n'était pas là, on l'a vu, car son

effet n'a pas duré; il était dans la fermeté à vouloir et soutenir son droit, mais rien que son droit, la Charte, mais rien que la Charte.

Puisqu'ils jetaient les yeux sur l'Angleterre, ils eussent mieux fait de considérer tous les mouvements de haut et de bas qu'y ont éprouvés tour à tour la liberté et le despotisme, poussés parfois jusqu'aux extrêmes de licence et de tyrannie, avant que la concorde s'établît entre le principe monarchique et le principe démocratique.

Je compare la monarchie constitutionnelle, aux deux plateaux d'une balance.

D'une part, la nation, de l'autre le roi. Il faut du temps et surtout du calme pour obtenir l'équilibre entre les deux pouvoirs : l'oscillation est nécessaire, il y a des mouvements d'un côté, des mouvements de l'autre. Chacun doit se résigner à souffrir des alternatives, faire contre-poids autant que possible, avec modération surtout.

Si le roi outre-passe ses pouvoirs, si le peuple se jette dans des mouvements illégaux, comprimez, calmez, mais gardez-vous de briser pour prendre une autre machine; ce serait toujours à recommencer. C'est une loi de nature : qu'il faut du temps pour établir l'équilibre.

Que voulez-vous donc enfin, dira-t-on, légitimistes libéraux?

Ce que je veux, c'est la liberté, la liberté avant tout, le plus de liberté possible. Frank sous les premières races, j'aurais fait cent lieues à cheval pour assister aux plaids et aux assemblées nationales de Charlemagne; bourgeois sous Louis le Gros, j'aurais volontiers payé de mon or la charte de ma cité; conseiller au parlement, j'aurais refusé l'enregistrement des mesures tyranniques et des impôts excessifs; aujourd'hui, pour cette liberté, je donnerais mon sang, car je l'aime comme l'agrandissement de mon être et la suprême dignité de l'homme.

Je renie cependant, et j'exècre comme profanation, tous les excès commis en ce nom sacré.

Aussi, après juin 1848 et l'essai malheureux d'une république, avant l'empire, et lorsqu'il était encore permis d'avoir des opinions contradictoires, j'aurais cru plus que jamais que ce qu'il y avait de mieux à allier au progrès et à opposer à l'élément populaire si dangereux et si violent parfois en France, c'était l'homme qui, bon gré, mal gré, restait le représentant de la dynastie la mieux consacrée, puisqu'elle avait déjà duré huit siècles; et j'aurais souhaité que le nom de Henri, comte de Chambord, eût été acclamé par tous les Français[1].

Aurions-nous voulu revenir au droit divin? s'écrieront quelques-uns.

Loin de nous d'abord cette fausse idée, qu'on nous a souvent opposée, que le droit divin de

1. Je sais quelles réserves sont imposées en politique jusque dans le domaine des simples élucubrations: je n'aborde donc pas le présent, je me restreins très-expressément à parler d'une époque qui est déjà de l'histoire.

l'ancienne royauté constituait un droit de propriété du souverain sur ses sujets. Dieu, qui a livré le monde aux disputes des hommes, leur a laissé le choix de leur gouvernement, aux risques et périls de leur prospérité.

Je ne comprends pas qu'on ait pu si mal entendre le principe de l'ancienne monarchie. Le roi pour le royaume, non le royaume pour le roi, avait dit saint Thomas au temps de Louis IX.

Sous Louis XIV, voici ce qu'enseignait Fénelon : « Il ne faut pas que tout soit à un seul; mais un seul doit être à tous pour faire leur bonheur. »

Ainsi l'entendaient nos anciens rois, lorsque, du temps où les nobles avaient le privilége de verser leur sang pour la patrie, le prince, en se disant le premier gentilhomme de son royaume, prétendait à en être le plus dévoué.

L'idée d'une dynastie populaire ne date donc pas de Napoléon III; c'est un vieux et bon principe de l'ancien régime. Au sacre, à l'époque où régnait ce que vous appelez le droit divin, avant de faire du souverain l'oint du Seigneur, le pontife officiant ne se tournait-il pas vers le peuple pour lui demander : *Voulez-vous de tel roi ?* Le monarque n'était consacré que sur les acclamations de la multitude. Cet appel au peuple n'était pas une véritable élection, je le sais; mais ce souvenir des anciens temps rappelait fort bien que tout pouvoir vient originairement de la nation.

N'importe, ce mot : *droit divin* vous effraye;

mais qu'est-ce donc en réalité? si ce n'est un droit commun à tous les gouvernements, la raison d'être des pouvoirs les moins heureusement constitués, ceux-ci n'existant, après tout, qu'en vertu de la permission de Dieu, source de tout ce qui est.

Chacun n'invoque-t-il pas à son tour le droit divin pour se justifier? Cependant il convient plus spécialement, et s'applique, dans le sentiment général, à la dynastie qui en a joui durant tant de siècles, le temps et la Providence lui ayant ainsi donné une plus particulière consécration.

La légitimité politique, dit M. Guizot, *est un droit fondé sur l'ancienneté, sur la durée; la priorité dans le temps est invoquée comme la source du droit, comme la preuve de la légitimité du pouvoir.*

En effet, pour qu'un gouvernement s'établisse durablement, il faut qu'il développe une certaine somme de raison, de sagesse, et qu'il satisfasse aux besoins de progrès que réclame chaque nouvel âge.

La dynastie des Bourbons a fait ses preuves par huit cents ans de règne.

Mais voudrait-on faire abstraction du passé? Alors, sans plus apprécier la justice ni l'utilité des révolutions qui ont renversé Louis XVI et Charles X, resterait la simple question de savoir si le gouvernement actuel, qui en a recueilli le bénéfice, se fonde dans des conditions de durée, et se prépare ainsi le prestige de cette légitimité que des siècles d'existence peuvent seuls lui apporter.

Que les esprits curieux de prévoir apprécient sa raison, sa sagesse, jugent surtout si l'essor qu'il doit donner au progrès social et aux aspirations légitimes de liberté est pleinement satisfait par le célèbre décret du 24 novembre 1860, et les promesses officielles du 14 novembre 1861[1] !

Me voilà arrivé à la fin ; suis-je parvenu au but? J'ai voulu essayer de convaincre que les opinions de tolérance et de liberté ne sont opposées ni aux principes des catholiques, ni aux principes des légitimistes, et que, fort au contraire, tous les progrès leur sont sympathiques. Je me suis efforcé d'exposer nettement cette

1. Voir à l'Appendice, notes L et M.

façon de voir et de penser; je la crois juste et vraie : qu'en tout cas, on ne nous refuse jamais, à nous tous catholiques tolérants et légitimistes libéraux, l'honneur de bien vouloir.

FIN.

APPENDICE

Note A

EXTRAIT

D'UN ARTICLE DU MERCURE DE FRANCE

SOUS LE TITRE DE :

Mensonges imprimés au sujet de la persécution de Galilée.

Galilée, fort de sa renommée et désiré à Rome, y arriva en mars 1611. Il y démontra ses découvertes ; il fit observer les taches du soleil à la plupart des cardinaux, prélats et grands seigneurs ; il en repartit trois mois après. Les acclamations, les hommages, les fêtes ne l'avaient point quitté durant son séjour; personne ne songea à l'accuser d'hérésie, et la pourpre romaine ne couvrait alors que ses admirateurs. Viviani, disciple et biographe de Galilée, c'est-à-dire son panégyriste, convient de cette gloire universelle : comment donc fut-elle troublée? Par des intrigues de moines et par l'effervescence du philosophe.

. . . .

Son ardeur, sa vanité l'emportèrent. Il voulut que l'Inquisition pensât comme lui sur des passages de l'Écriture : « Il exigea, dit Guichardin, que « le pape et le saint-office déclarassent le système « de Copernic fondé sur la Bible; il assiégea les « antichambres de la cour et les palais des car- « dinaux; il répandit mémoires sur mémoires. « Galilée, ajoute l'ambassadeur, a fait plus de « cas de son opinion que de celle de ses amis...

« Après avoir persécuté et lassé plusieurs cardi-
« naux, il s'est jeté à la tête du cardinal Orsini;
« celui-ci, sans trop de prudence, a pressé vive-
« ment Sa Sainteté d'adhérer aux désirs de Ga-
« lilée. Le pape, fatigué, a rompu la conversation,
« et il a arrêté, avec le cardinal Bellarmin, que
« la controverse de Galilée serait jugée dans une
« congrégation, le 2 mars... Galilée met un ex-
« trême emportement en tout ceci, et il n'a ni
« la force ni la sagesse de le surmonter. Il pourra
« nous jeter tous dans de grands embarras; je
« ne vois pas ce qu'il peut gagner ici par un
« plus long séjour. »

. . . .

Lui-même, dans ses lettres au secrétaire du grand-duc, fait connaître le résultat de la congrégation tenue les 6 et 12 mars. « Les jacobins, « dit-il, ont eu beau écrire et prêcher que le

« système de Copernic était hérétique et con-
« traire à la foi, le jugement de l'Église n'a pas
« répondu à leurs espérances : la congrégation a
« seulement décidé que l'opinion du mouvement
« de la terre ne s'accordait pas avec la Bible.
« On a défendu les ouvrages qui soutiennent
« cette conformité ; mais il n'y a à ce sujet
« qu'une seule satire d'un carme, imprimée
« l'année dernière... Je ne suis point intéressé
« personnellement dans l'arrêt. »

Remarquons qu'avant son départ, ce même Galilée, qui venait d'affronter l'Inquisition et de tout tenter pour en convertir la théologie, eut une audience très-amicale de S. S. Bellarmin qui, il est vrai, lui fit défense, au nom du saint-siége, de reparler de ces accords scolastiques entre le Pentateuque et Copernic, mais sans lui interdire aucune hypothèse astronomique. Cette défense fut insérée dans les registres du saint-office.

Pendant quinze ans Galilée la respecta et quinze ans ses ennemis, les jacobins et l'Inquisition, furent muets.

. . . .

Les esprits étaient prévenus, non par fanatisme ni par bêtise, comme tant de déclamateurs l'ont répété ; l'orgueil de ne pas céder allumait le différend, et si cet orgueil est excusable dans Galilée, ne l'était-il pas dans le pape, dans Bellarmin, dans l'Inquisition, dans la cour de Rome tout entière, provoquée par des imprudences?

. . . .

Les prétextes, les négociations, les excuses ayant été inutiles, Galilée vint à Rome le 3 février 1633. Comment y fut-il traité? Avec des égards inusités, avec des attentions particulières, avec des ménagements qui attestaient le respect public pour son génie.

. . . .

Le but rempli, au bout de douze jours, Galilée se vit maître de retourner dans sa patrie; il avait si peu souffert pendant sa détention, que, malgré ses soixante-quinze ans, il fit à pied une partie de la route de Rome à Viterbe.

Il faut l'entendre lui-même, pour se faire une idée juste de ces chimériques souffrances, dont on ne cesse de parler dans de prétendus livres historiques. Voici ce qu'il écrivait, en 1633, dans une lettre restée manuscrite, au P. V. Receneri, son disciple :

« Le pape me croyait digne de son estime, « quoique je ne susse pas faire l'épigramme ou « le sonnet amoureux. J'eus mon arrêt dans le

« délicieux palais de la Trinité-du-Mont...
« Quand j'arrivai au saint-office, le P. commis-
« saire me présenta à l'assesseur Vitrici; deux
« jacobins étaient auprès de lui. Ils m'inti-
« mèrent très-honnêtement de produire mes
« raisons et de faire mon apologie. Les discours
« firent hausser les épaules de mes juges, ce qui
« est la ressource des esprits préoccupés. J'ai
« été obligé de rétracter mon opinion en bon
« catholique; pour me punir, on m'a défendu les
« dialogues, et congédié après cinq mois de
« séjour à Rome. Comme la peste régnait à
« Florence, on m'a assigné pour demeure le
« palais de mon meilleur ami, Mgr Picolomini,
« archevêque de Sienne. J'y ai joui d'une telle
« tranquillité, que j'ai démontré une grande
« partie de mes propositions sur la résistance
« des fluides. Aujourd'hui je suis à ma cam-

« pagne d'Arcêtre, où je respire un air pur, « près de ma chère patrie. »

Comparez maintenant cette sérénité avec les lamentations de tant d'usurpateurs du martyre qui remplissent l'univers de leurs brochures et de leurs clameurs lorsqu'on leur a défendu un méchant livre. Comparez ce récit avec le tableau de fantaisie tracé par des romanciers qui s'intitulent historiens. et toujours suivis de cinquante plagiaires.

Défions-nous des écrivains qui pensent qu'on peut suppléer aux recherches et à la critique par des antithèses et par des résultats, et qu'on peut faire tout avec de l'esprit : ce n'est pas là ce qui a produit les Tite-Live. les Muratori et les Robertson.

MALLET-DUPAN.

NOTE B

LA GUERRE ET LA PAIX

Par P.-J. Proudhon, tome Ier, pages 273 et 274.

J'ai dit quelque part qu'en aucun cas l'empire d'Autriche ne pouvait perdre la côte orientale de l'Adriatique.

Quand même la Hongrie et l'Autriche tout entière auraient accompli leur révolution par le fait d'une alliance entre Klapka et Garibaldi, il n'aurait pas été au pouvoir des deux chefs de disposer de cette partie du territoire autrichien réclamée par l'Italie. Il faut à un grand État une issue sur la mer. Ici le droit des masses primerait les considérations de nationalité et de langue, et, s'il le fallait, la guerre trancherait de nouveau la question en faveur de la force.

Note C

LA QUESTION ROMAINE

DEVANT LE PARLEMENT ITALIEN.

EXTRAIT DU DISCOURS DU COMTE DE CAVOUR.

(Séance du 25 mars 1861.)

Si, par l'effet de circonstances fatales à l'Église et à l'Italie, le pape restait inébranlable, et continuait à repousser tout accord, alors, messieurs, nous ne cesserons pas pour cela de proclamer à haute voix les principes que je viens de vous exposer, et qui, je l'espère, recevront de vous un accueil favorable; nous ne cesserons pas de dire : qu'un accord avec le pape précède ou non notre entrée dans la ville éternelle, l'Italie n'aura pas plus tôt déclaré la déchéance du pouvoir temporel qu'elle séparera l'Église de l'État, et assurera sur les bases les plus étendues la liberté de l'Église. (*Très-bien! très-bien!*) Quand nous aurons fait cela, quand ces doctrines auront été sanctionnées solennellement par le parlement national, quand on ne pourra plus mettre en doute les véritables sentiments des Italiens, quand le monde verra que, bien loin d'être hostiles à la religion de leurs pères, ils veulent la conserver chez eux, et en assurer la prospérité en abattant un pouvoir qui empêchait le développement du catholicisme aussi bien que la reconstitution de l'Italie, alors, je l'espère, la grande majorité du monde catholique absoudra les Italiens, et fera retomber sur qui de droit la responsabilité de la lutte fatale que le pape aurait voulu engager contre la nation au sein de laquelle il réside. (*Applaudissements.*)

Que Dieu en écarte l'augure! au risque d'être taxé d'utopie, je m'abandonne à l'espoir que lorsque cette déclaration de principes et la consécration que vous allez en faire seront connues et arriveront jusqu'au Vatican, les fibres italiennes que le parti réactionnaire n'a pu sans doute arracher entièrement du cœur de Pie IX sentiront un frémissement, et qu'on verra s'accomplir alors le plus grand acte qui ait jamais été accompli par un peuple.

Ainsi, il sera donné à la même génération d'avoir ressuscité un grand peuple, et d'avoir fait une autre œuvre encore plus grande, plus sublime, une œuvre dont l'influence sera incalculable : l'œuvre de la réconciliation de la papauté avec l'autorité civile, de l'esprit de religion avec les grands principes de la liberté.

Oui, messieurs, j'espère que nous pourrons réaliser ces deux grandes choses, qui porteront jusqu'à la postérité la plus reculée le souvenir de la génération que porte aujourd'hui cette terre d'Italie. (*Vifs applaudissements.*)

Note D

Sancti Thomæ Aquinatis Summa theologica. (2^a $2^{æ}$ quæstio x, art. xi.) — UTRUM INFIDELIUM RITUS SINT TOLERANDI.

Respondeo dicendum, quod humanum regimen derivatur a divino regimine, et ipsum debet imitari. Deus autem, quamvis sit omnipotens et summe bonus, permittit tamen aliqua mala fieri in universo, quæ prohibere posset : ne eis sublatis majora bona tollerentur, vel etiam pejora mala sequerentur. Sic ergo et in regimine humano illi qui præsunt, recte aliqua mala tolerant, ne aliqua bona impediantur, vel etiam ne aliqua mala pejora incurrantur; sic August. dicit in lib. 2 De Ordine (cap. 4 circa med.) : *Aufer meretrices de rebus humanis, turbaveris omnia libidinibus*. Sic ergo quamvis infideles in suis ritibus peccent, tolerari possunt vel propter aliquod bonum quod ex eis provenit, vel propter aliquod malum quod vitatur.

Note E

EXTRAIT DU DISCOURS

DE S. ÉM. MONSEIGNEUR LE CARDINAL MATHIEU.

(Séance du vendredi 31 mai 1861.)

La circulaire de M. le garde des sceaux du 11 avril 1861 a produit de l'étonnement, de la peine, de l'émotion dans le clergé, cela est vrai. Quand il y a dans un pays des lois d'exception qui atteignent une certaine catégorie, une classe de citoyens de ce pays, à raison des fonctions qu'ils exercent, c'est toujours une chose considérable ; mais lorsqu'il intervient une dépêche du Gouvernement, une circulaire de la principale autorité qui met ces affaires davantage en lumière, qui les presse, qui y insiste avec plus de force, oh ! alors certainement la mesure exceptionnelle augmente singulièrement d'importance. Eh bien, messieurs, après cette circulaire qui a causé de l'émotion, qu'est-ce qui en a causé davantage ? Je le dirai ingénument : c'est la non-exécution de cette circulaire. La circulaire avait tracé des règles positives ; elle avait dit aux procureurs généraux : Vous vous enquerrez des infractions contre les articles cités, vous informerez judiciairement, et, suivant l'exigence des cas, vous renverrez à la juridiction compétente. C'était sévère, mais c'était légal : renseignements, informations, et affaires déférées à la justice compétente. Eh bien, messieurs, depuis six mois, avant comme après la circulaire, ce n'est pas l'exécution de la circulaire qui a été la règle, elle n'a été que l'exception. C'est l'administration qui s'est emparée de l'information et jusqu'à un point de la pénalité. D'après des instructions sans doute reçues par les autorités départementales, elles ont envoyé aux commissaires de police des ordres formels pour rechercher ce que les ecclésiastiques pouvaient dire dans leurs discours, dans leur ministère, de contraire au Gouvernement. Ces commissaires de police, ne pouvant pas être partout, ont bien été obligés de chercher eux-mêmes des aides, des appuis, des moyens d'investigation. C'étaient les maires, mais les maires n'étaient pas tous très-flattés de remplir ces fonctions qui, à voir les choses comme elles sont, étaient des fonctions d'agents de police. Alors, ils se sont adressés aux gardes champêtres; ceux-là étaient sur les lieux : hommes honnêtes, que je n'inculpe point ici; mais leur demander d'apprécier et de rendre compte d'instructions, c'est leur demander vraiment l'impossible. Ces pauvres gens ont fait tout ce qui était en eux, et même un peu au delà, de sorte qu'ils ont concentré dans les préfectures une foule de renseignements singuliers, graves et énormes, desquels l'administration a été tout investie.

Jusqu'ici, messieurs, il n'y aurait d'autre inconvénient que l'inconvénient d'aller chercher dans cette poussière administrative bien des choses qu'elle offusque, au lieu de les éclaircir. Si ces investigations devaient se borner à l'état de surveillance, je plaindrais le gouvernement de n'être pas mieux renseigné. Mais enfin, il cherche à être informé; personne de raisonnable ne peut le trouver mauvais; seulement, il y a eu ici un arrêt, une interruption par rapport à ce qu'on faisait autrefois. Ainsi, quand il arrivait à l'administration des plaintes de cette nature, on écrivait à l'évêque; on lui disait : Voici les faits reprochés à tel sujet. L'évêque prenait ses informations, en faisait part à l'administration, et on pouvait reconnaître ce qu'il y avait de faux, d'exagéré; très-souvent, ce qui avait paru énorme se réduisait à des proportions moindres, et se terminait par des avis salutaires.

Maintenant, la communication donnée à l'évêque n'a plus été que l'exception; et, directement, sans information auprès de l'évêque, et même habituellement sans communication préalable, information des autorités judiciaires, les ecclésiastiques ont été cités directement à la barre de l'administration. On leur a donné ce qu'on appelle en termes canoniques un *veniat ad audiendum verbum*. Ils y sont donc allés; et, pour mon compte, je n'ai fait aucune difficulté de dire aux ecclésiastiques qui m'ont consulté : Honneur, déférence aux représentants de l'autorité; allez les trouver, puisqu'ils vous demandent, et parlez conformément à la vérité; quand on est dans le vrai, on est toujours fort.

Ils se sont donc présentés. On leur a demandé compte de leurs instructions, de ce qu'ils avaient dit. Ils étaient fort étonnés; ils n'étaient pas prêts à communiquer leurs sermons, leurs discours, et ils étaient un peu embarrassés pour les étaler, là, sur le bureau, à côté de l'encrier et des plumes de l'administration.

Ce n'est pas la seule affaire. Après cette comparution, il y a eu peine frappée, suspension de traitement, et il y a des ecclésiastiques qui, depuis cinq mois et demi, n'ont pas touché leur traitement, sans que j'aie su officiellement les motifs pour lesquels cette suspension avait été infligée. Voilà ce qui me semble extrêmement fort, et en dehors des règles. Que la justice informe, que les coupables soient déférés aux tribunaux, je l'admets, je m'y résigne, non sans amertume, mais enfin je sens qu'il y a justice légale. Mais ici, c'est une justice qui frappe en dehors de la justice ordinaire, sans que vous ayez pu vous expliquer et sans que vous ayez pu présenter une simple réflexion. Voilà où est le danger.

Au sujet de la pétition qui nous occupe, je me borne à dire que je fais réserve du principe ; et vous me permettrez, messieurs, cette réserve, parce que c'est une chose qui est dans mon devoir, dans les convenances, et que vous apprécierez vous-mêmes. Mais, franchement, je me crois obligé à demander le renvoi de la pétition à M. le ministre de la justice, non point pour parvenir à une déclaration d'abrogation de ces articles ou à une déclaration qu'ils sont tombés en désuétude, mais pour que, M. le ministre de la justice veillant à l'exécution de sa circulaire, les choses marchent d'une manière convenable, avec des informations régulières, ce qui sera une sauvegarde pour l'État et une garantie pour nous.

. . . .

. . . .

Depuis, messieurs, que l'affaire s'est envenimée, j'ai reçu trois communications du préfet, qui n'habite pas dans le lieu où je demeure. Pour cet endroit, il n'y a rien eu ; tout s'est passé dans l'autre département. A peine ces lettres reçues, qui me notifiaient trois faits, sur-le-champ j'accuse au préfet, poste pour poste, réception de sa dépêche, et je lui dis que je vais informer et prendre toutes les mesures convenables. J'informe, et je trouve des faits qui ne sont pas saisissables. J'allais répondre au préfet, lorsque je reçois des curés incriminés des lettres dans lesquelles ils me disent qu'ils ont reçu un *veniat* spécial du préfet, et ils me demandent ce qu'ils ont à faire. Alors, je leur réponds : Voyez le préfet, vous lui devez la déférence et la vérité, et dites-la-lui.

A partir de ce moment, quatre suspensions de traitement ont eu lieu dans mon diocèse, et je n'ai pas reçu de la préfecture avis d'un seul grief pour lequel cette suspension ait été prononcée. Je n'en ai point eu non plus communication du ministère. L'affaire a marché, MM. les curés ont été cités, ils se sont rendus devant le préfet, et puis le traitement a été suspendu entièrement en dehors de moi. Y avait-il des raisons pour le suspendre à l'égard d'un de ces ecclésiastiques, un pauvre vicaire? Il ne s'agissait pas d'un traitement du Gouvernement, mais d'un traitement que la commune lui faisait, porté au budget de la commune ; et sans que la commune eût révoqué son vote, sans que le vote eût été biffé en préfecture, le traitement était suspendu. J'acquiers pour ce vicaire connaissance, par le maire, que le traitement était suspendu par une décision officielle. Alors j'ai dû écrire et demander au ministre ce qu'il y avait. Il m'a répondu qu'après information il n'y avait rien d'assez grave pour continuer les poursuites, et qu'on allait rétablir le traitement. Je crois qu'il aurait mieux valu s'informer auparavant auprès de moi.

Quant aux trois autres curés dont le traitement a été suspendu, il y en a un qui était accusé de n'avoir pas dit l'oraison pour l'Empereur. Je ne l'ai pas su par la préfecture qui ne m'en a rien dit, je l'ai su par le bruit commun; j'ai fait venir le curé et je lui ai dit: Comment, vous ne priez pas pour l'Empereur? — Mais je prie pour l'Empereur! — Vous ne dites pas l'oraison pour l'Empereur? — Mais je la dis!

Voici, messieurs, ce qui était arrivé. La prière pour l'Empereur est ainsi conçue: *Domine salvum fac imperatorem nostrum Ludovicum Napoleonem.* Le maire et le garde champêtre, qui faisaient bien attention à cette désinence de l'accusatif, voulaient absolument qu'à l'oraison elle se reproduisît, et comme ils ne l'entendaient pas, ils croyaient que le curé ne la disait point; mais à l'oraison les noms de l'Empereur et sa qualité sont au nominatif : *Ludovicus Napoleo imperator noster*. Le curé ne pouvait convertir le nominatif en accusatif en cette place sans commettre plusieurs gros solécismes, ce à quoi il ne pouvait se déterminer pour complaire à son maire et au garde champêtre; et voilà comment l'amour de la syntaxe l'a perdu. (*Sourires.*)

(Extrait du *Moniteur* du 1er juin 1861.)

NOTE F

CIRCULAIRE DE M. DELANGLE

Paris, le 8 avril.

Le garde des sceaux, ministre de la justice, a adressé la circulaire suivante aux procureurs généraux près les cours impériales de l'Empire :

Monsieur le procureur général,

Depuis quelque temps on me signale divers membres du clergé catholique qui, verbalement ou par écrit, traitent publiquement et dans l'exercice de leurs fonctions des matières que la loi leur interdit expressément de discuter.

Les uns, oubliant que la mission du prêtre est de veiller à l'instruction religieuse des fidèles, se livrent à la critique des actes du Gouvernement et s'efforcent d'appeler sur la politique de l'Empereur la défiance ou la réprobation; les autres, cédant à l'entraînement d'un zèle aveugle, prennent à partie la personne même du Souverain et, sous un voile plus ou moins transparent, cherchent à l'accabler d'outrages; d'autres encore, exploitant la faiblesse d'esprit et la crédulité, se plaisent à troubler les consciences par l'annonce de malheurs imaginaires.

De tels abus sont prévus par les lois.

L'article 201 du code pénal « punit d'un em-« prisonnement de trois mois à deux ans les

« ministres du culte qui prononcent dans l'exer-
« cice de leurs fonctions et en assemblée pu-
« blique un discours contenant la critique ou
« censure du Gouvernement, d'une loi, d'un dé-
« cret impérial ou de tout autre acte de l'autorité
« publique. »

Aux termes de l'article 204 du même code, « tout écrit contenant des instructions pastorales « en quelque forme que ce soit, et dans lequel « un ministre du culte se sera ingéré de criti- « quer ou censurer soit le Gouvernement, soit « tout acte de l'autorité publique, emporte la « peine du bannissement contre le ministre qui « l'aura publié. »

Si ces dispositions, dont les circonstances présentes montrent la sage prévoyance, sont restées sans application, c'est que jusqu'en ces derniers temps l'attitude du clergé a été généralement respectueuse et réservée ; c'est aussi que le Gouvernement, dans son indulgence, a mieux aimé tolérer des écarts isolés que de poursuivre devant les tribunaux, au détriment peut-être de la religion elle-même, des prêtres imprudents. Mais elles n'ont rien perdu de leur autorité, et le Gouvernement manquerait à son devoir s'il n'employait contre l'hostilité systématique dirigée contre lui les armes que la loi lui remet pour maintenir la paix et le bon ordre.

Je vous charge en conséquence, monsieur le procureur général, de vous faire rendre un compte exact de toutes les infractions qui se produiront dans votre ressort, et, quand les faits auront été judiciairement constatés, de déférer leurs auteurs, quels qu'ils soient. à la juridiction compétente. Il est temps que la légalité reprenne son empire.

Recevez, monsieur le procureur général, l'assurance de ma considération très-distinguée.

DELANGLE.

(Extrait du *Moniteur* du 8 avril 1861.)

NOTE G

LETTRE DE M. ROULAND

A Mgr L'ÉVÊQUE DE NÎMES.

Monseigneur,

La lettre que Votre Grandeur a bien voulu m'adresser, et qu'elle a fait insérer dans plusieurs journaux de Paris et de la province, à l'occasion de la circulaire de M. le ministre de l'intérieur sur les associations de bienfaisance, me paraît, en plusieurs points, profondément regrettable.

Votre droit incontesté, monseigneur, était de discuter librement les principes et les mesures de la circulaire ministérielle. Vous pouviez blâmer un rapprochement entre deux institutions, s'il vous semblait blessant pour l'une d'elles, et plaider éloquemment la cause d'une société charitable à laquelle, d'ailleurs, le Gouvernement avait rendu pleine justice, tout en réclamant l'exécution des lois. Mais la chaleur des convictions et la liberté de discussion ne dispensent personne de l'observation des bienséances et des règles de la modération. Pour défendre une opinion que vous jugiez équitable et vraie, il était inutile d'employer les expressions les plus acerbes contre un acte émané d'un ministre de l'Empereur; et pour rendre un légitime hommage au dévouement des conférences de Saint-Vincent-de-Paul, il n'était pas besoin d'insulter d'autres associations et de les signaler à la haine et au mépris public.

Ce n'est pas ainsi, monseigneur, que s'exprimait l'ancien clergé français dans « les respectueuses remontrances » auxquelles votre lettre fait allusion. Permettez-moi de vous dire combien je regrette qu'en vous souvenant de ce pieux, savant et patriotique clergé de l'Église gallicane, vous n'ayez pas saisi l'occasion qui vous était offerte d'imiter le calme et la dignité de son langage.

Mon devoir et mon caractère m'éloignent de tout ce qui peut exciter les passions du pays. C'est pourquoi je vous supplie, monseigneur, de vouloir bien vous abstenir désormais de m'adresser, sur nos affaires religieuses ou politiques, des lettres dans lesquelles j'aurais à déplorer encore des insinuations et des violences. Je n'y saurais, en effet, convenablement répondre sans une vive souffrance pour moi-même et sans un grave dommage pour la religion, dont il faut respecter les ministres, même quand ils s'égarent hors des voies de la sagesse et de la charité.

Agréez, monseigneur, l'assurance de ma haute considération.

Le ministre de l'instruction publique et des cultes,

ROULAND.

Paris, le 8 novembre 1861.

(Extrait du *Moniteur* du 10 novembre 1861.)

Note H

« C'était l'usage de ce temps, dit Hincmar, de tenir chaque année deux assemblées (*placita*), et pas davantage. La première avait lieu au printemps ; on y réglait les affaires générales de tout le royaume ; aucun événement, si ce n'est une nécessité impérieuse et universelle, ne faisait changer ce qui avait été arrêté. Dans cette assemblée se réunissaient tous les grands (*majores*), tant ecclésiastiques que laïques ; les plus considérables (*seniores*), pour prendre et arrêter les décisions ; les moins considérables (*minores*), pour recevoir ces décisions, et quelquefois en délibérer aussi et les confirmer, non par un consentement formel, mais par leur opinion et l'adhésion de leur intelligence.

« L'autre assemblée, dans laquelle on recevait les dons généraux du royaume, se tenait seulement avec les plus considérables (*seniores*) de l'assemblée précédente et les principaux conseillers. On commençait à y traiter des affaires de l'année suivante, s'il en était dont il fût nécessaire de s'occuper d'avance, comme aussi de celles qui pouvaient être survenues dans le cours de l'année qui touchait à sa fin, et auxquelles il fallait pourvoir provisoirement et sans retard. Par exemple si, dans quelque partie du royaume, les gouverneurs des frontières (*marchisi*) avaient conclu pour un temps quelque trêve, on recherchait ce qu'il y aurait à faire après l'expiration de ces trêves, et s'il faudrait ou non les renouveler. Si, sur quelque autre point du royaume, la guerre semblait imminente ou la paix près de se rétablir, on examinait si les convenances du moment exigeaient, dans le premier cas, qu'on commençât ou qu'on souffrît les incursions, et dans le second, par quel moyen on pourrait assurer la tranquillité. Ces seigneurs délibéraient ainsi de longue main sur ce que pouvaient exiger les affaires de l'avenir; et, lorsque les mesures convenables avaient été trouvées, elles étaient tenues si secrètes qu'avant l'assemblée générale suivante on ne les connaissait pas plus que si personne ne s'en fût occupé et qu'elles n'eussent pas été arrêtées. On voulait que, s'il y avait à prendre, au dedans ou au dehors du royaume, quelques mesures que certaines personnes, en étant informées, eussent voulu empêcher, ou rendre inutiles ou plus difficiles par quelque artifice, elles n'en eussent jamais le pouvoir.

« Dans la même assemblée, si quelque mesure était nécessaire, soit pour satisfaire les seigneurs absents, soit pour calmer ou pour échauffer l'esprit des peuples, et qu'on n'y eût pas pourvu auparavant, on en délibérait, on l'arrêtait du consentement des assistants, et elle était exécutée de concert avec eux et par les ordres du roi. L'année ainsi terminée, l'assemblée de l'année suivante se réglait comme je l'ai dit.

« Quant aux conseillers, soit laïques, soit ecclésiastiques, on avait soin, autant que possible, de les choisir tels que d'abord, selon leur qualité ou leurs fonctions, ils fussent remplis de la crainte de Dieu, et animés, en outre, d'une fidélité inébranlable, au point de ne rien mettre au-dessus des intérêts du roi et du royaume, si ce n'est la vie éternelle. On voulait que, ni amis, ni ennemis, ni parents, ni dons, ni flatteries, ni reproches, ne les pussent détourner de leur devoir; on les cherchait sages et habiles, non de cette habileté sophistique et de cette sagesse mondaine qui est ennemie de Dieu, mais d'une juste et vraie sagesse qui les mît en état non-seulement de réprimer, mais encore de confondre pleinement les hommes qui ont placé toute leur confiance dans les ruses de la politique humaine. Les conseillers ainsi élus avaient pour maxime, comme le roi lui-même, de ne jamais confier, sans leur consentement réciproque, à leurs domestiques ou à toute autre personne, ce qu'ils pouvaient s'être dit familièrement les uns aux autres, soit sur les affaires du royaume, soit sur tel ou tel individu en particulier. Peu importait que le secret dût être gardé un jour ou deux, ou plus, ou un an, ou même toujours. Il arrive en effet que, si les propos tenus dans des réunions semblables, sur le compte d'un individu, soit dans des vues de précaution, soit pour tout autre intérêt public, viennent ensuite à sa connaissance, il en ressent de grandes inquiétudes, ou en est réduit au désespoir, ou, ce qui est plus grave, est poussé à l'infidélité; et ainsi un homme qui peut-être aurait pu rendre encore des services, devient inutile, ce qui ne serait pas arrivé s'il n'avait pas su ce qu'on a dit de lui. Ce qui est vrai d'un homme peut être vrai de deux, de cent, ou d'un plus grand nombre, ou de toute une famille, ou d'une province entière si l'on n'y apporte la plus grande réserve.

« L'apocrisiaire, c'est-à-dire le chapelain ou garde du palais, et le chambellan, assistaient toujours à ces conseils ; aussi on les choisissait avec le plus grand soin ; ou bien, après les avoir choisis, on les instruisait de manière qu'ils fussent dignes d'y assister. Quant aux autres officiers du palais (*ministeriales*), s'il en était quelqu'un qui, d'abord en s'instruisant, ensuite en donnant des conseils, se montrât capable d'occuper honorablement la place d'un de ces conseillers, ou propre à devenir tel, il recevait l'ordre d'assister aux réunions, en prêtant la plus grande attention aux choses qui s'y traitent, rectifiant ce qu'il croyait, apprenant ce qu'il ignorait, retenant dans sa mémoire ce qui avait été ordonné et arrêté. On voulait par là que s'il survenait, au dedans ou au dehors du royaume, quelque accident inopiné, si l'on apprenait quelque nouvelle inattendue et à laquelle on n'eût pas pourvu d'avance (il était rare cependant qu'en de telles occasions une profonde délibération fût nécessaire, ou qu'on n'eût pas le temps de convoquer les conseillers ci-dessus désignés), on voulait, dis-je, qu'en pareils cas les officiers du palais, avec la grâce de Dieu et par leur longue habitude soit d'assister aux conseils publics, soit de traiter les affaires domestiques, fussent capables, selon les circonstances, ou de conseiller ce qu'il y avait à faire, ou d'indiquer les moyens d'attendre, sans inconvénient, le temps fixé pour la réunion du conseil. Voilà pour ce qui regarde les principaux officiers du palais.

« Quant aux officiers inférieurs, proprement appelés *palatins*, qui ne s'occupaient point des affaires générales du royaume, mais seulement de celles où les personnes spécialement attachées au palais étaient intéressées, le souverain réglait leurs fonctions avec un grand soin, afin que non-seulement aucun mal ne pût naître de là, mais que, s'il venait à se manifester quelque désordre, on pût le contenir ou l'extirper aussitôt. Si l'affaire était pressée, et que cependant on pût, sans injustice et sans faire tort à personne, en retarder la décision jusqu'à l'assemblée générale, l'empereur voulait que les officiers dont je parle sussent indiquer les moyens d'attendre, et imiter la sagesse de leurs supérieurs d'une manière agréable à Dieu et utile au royaume. Quant aux conseillers dont j'ai parlé d'abord, ils avaient soin, quand ils étaient convoqués au palais, de ne pas s'occuper des affaires particulières ni des contestations qui s'étaient élevées au sujet des propriétés ou de l'application des lois, avant d'avoir réglé, avec l'aide de Dieu, tout ce qui intéressait le roi et le royaume en général. Cela fait, si, d'après les ordres du roi, on avait réservé quelque affaire qui n'avait pu être terminée soit par le comte du palais, soit par l'officier dans la compétence duquel elle était comprise, sans le secours des conseillers, ceux-ci procédaient à son examen.

« Dans l'une ou l'autre des deux assemblées, et pour qu'elles ne parussent pas convoquées sans motif, on soumettait à l'examen et à la délibération des grands que j'ai désignés, ainsi que des premiers sénateurs du royaume, et en vertu des ordres du roi, les articles de loi nommés *capitula* que le roi lui-même avait rédigés par l'inspiration de Dieu, ou dont la nécessité lui avait été manifestée dans l'intervalle des réunions. Après avoir reçu ces communications, ils en délibéraient un, deux ou trois jours, ou plus, selon l'importance des affaires. Des messagers du palais, allant et venant, recevaient leurs questions et leur rapportaient les réponses ; et aucun étranger n'approchait du lieu de leur réunion jusqu'à ce que le résultat de leurs délibérations pût être mis sous les yeux du grand prince qui alors, avec la sagesse qu'il avait reçue de Dieu, adoptait une résolution à laquelle tous obéissaient. Les choses se passaient ainsi pour un, deux capitulaires, ou un plus grand nombre, jusqu'à ce qu'avec l'aide de Dieu toutes les nécessités du temps eussent été réglées.

« Pendant que ces affaires se traitaient de la sorte hors de la présence du roi, le prince luimême, au milieu de la multitude venue à l'assemblée générale, était occupé à recevoir les présents, saluant les hommes les plus considérables, s'entretenant avec ceux qu'il voyait rarement, témoignant aux plus âgés un intérêt affectueux, s'égayant avec les plus jeunes, et faisant ces choses et autres semblables pour les ecclésiastiques comme pour les séculiers. Cependant, si ceux qui délibéraient sur les matières soumises à leur examen en manifestaient le désir, le roi se rendait auprès d'eux, y restait aussi longtemps qu'ils le voulaient, et là ils lui rapportaient, avec une entière familiarité, ce qu'ils pensaient de toutes choses, et quelles étaient les discussions amicales qui s'étaient élevées entre eux. Je ne dois pas oublier de dire que, si le temps était beau, tout cela se passait en plein air; sinon, dans plusieurs bâtiments distincts où ceux qui avaient à délibérer sur les propositions du roi étaient séparés de la multitude des personnes venues à l'assemblée, et alors les hommes les moins considérables ne pouvaient entrer. Les lieux destinés à la réunion des seigneurs étaient divisés en deux parties, de telle sorte que les évêques, les abbés et les clercs élevés en dignité pussent se réunir sans aucun mélange de laïques. De même les comtes et les autres principaux de l'État se séparaient, dès le matin, du reste de la multitude, jusqu'à ce que, le roi présent ou absent, ils fussent tous réunis; et alors les seigneurs ci-dessus désignés, les clercs de leur côté, les laïques du leur, se rendaient dans la salle qui leur était assignée et où on leur avait fait honorablement préparer des siéges. Lorsque les seigneurs laïques et ecclésiastiques étaient ainsi séparés de la multitude, il demeurait en leur pouvoir de siéger ensemble ou séparément, selon la nature des affaires qu'ils avaient à traiter, ecclésiastiques, séculières ou mixtes. De même, s'ils voulaient faire venir quelqu'un, soit pour demander des aliments, soit pour faire quelque question, et le renvoyer après en avoir reçu ce dont ils avaient besoin, ils en étaient les maîtres. Ainsi se passait l'examen des affaires que le roi proposait à leurs délibérations.

« La seconde occupation du roi était de demander à chacun ce qu'il avait à lui rapporter ou à lui apprendre sur la partie du royaume dont il venait; non-seulement cela leur est permis à tous, mais il leur était étroitement recommandé de s'enquérir, dans l'intervalle des assemblées, de ce qui se passait au dedans ou au dehors du royaume; et ils devaient chercher à le savoir des étrangers comme des nationaux, des ennemis comme des amis, quelquefois en employant des employés, et sans s'inquiéter beaucoup de la manière dont étaient acquis les renseignements. Le roi voulait savoir si, dans quelque partie, quelque coin du royaume, le peuple murmurait ou était agité, et quelle était la cause de son agitation, et s'il était survenu quelque désordre dont il fût nécessaire d'occuper le conseil général, et autres détails semblables. Il cherchait aussi à connaître si quelqu'une des nations soumises voulait se révolter, si quelqu'une de celles qui s'étaient révoltées semblait disposée à se soumettre, si celles qui étaient encore indépendantes menaçaient le royaume de quelque attaque, etc. Sur toutes ces matières, partout où se manifestait un désordre ou un péril, il demandait principalement quels en étaient les motifs ou l'occasion.

Hincmar. — Traduction de M. Guizot.

Note I

OPINION DE M. DE FALLOUX

SUR LES PRINCIPES DE 89.

(Extrait du livre *le Parti catholique*, par le comte de Falloux, p. 271 à 276.)

Lorsqu'en 1814 la maison de Bourbon remit le pied sur la terre de France, ce mot pouvait présenter encore un problème. Peu d'années après, lorsque la Restauration, lorsque l'extrême droite elle-même, eurent consacré l'égalité devant la loi, la liberté religieuse, l'égale répartition des impôts, l'intervention du pays dans le vote et le contrôle de ses deniers, 89 ne fut plus un problème, il fut une solution. Personne, esprit fort ou esprit faible, n'y pouvait plus rien. Aujourd'hui, après tout ce qui s'est amoncelé d'événements, depuis 1814, chez nous et autour de nous, 89 n'est pas seulement une solution, c'est un lieu commun; c'est le résumé rapide et vulgaire à l'aide duquel les hommes sensés en finissent avec les esprits faux de toutes les coteries, survivant aux partis pour les parodier. 89 a servi à M. Berryer et à M. de Montalembert, comme à M. Thiers et à M. Odilon Barrot, contre les démagogues de notre temps qui nous poussaient à grands cris vers 90, 92 et 93.

Non-seulement 89, défini et interprété comme

il doit l'être par les esprits sages de toutes les opinions, n'a rien d'antichrétien, il n'a même rien d'antimonarchique. Quand on l'envisage de sang-froid, on y reconnaît une date plutôt qu'une origine. Ah ! ces brèves syllabes ne contiendraient pas tant de choses, ne soulèveraient ou n'apaiseraient pas magiquement de soudaines tempêtes, si elles ne représentaient que l'improvisation d'une assemblée effervescente. Les utopies de la Constituante, les crimes de la Convention, ont laissé derrière eux la méfiance et la terreur. C'était là l'œuvre de la révolution proprement dite, l'œuvre de la passion, de l'aveuglement, l'œuvre du 14 juillet et du 6 octobre, du 20 juin et du 10 août. Ce qui a survécu était l'œuvre de la monarchie et l'œuvre du temps. Ce n'est pas dans une sanglante promenade avec des têtes au bout des piques, ce n'est pas dans l'assaut des Tuileries ou de la salle des Feuillants, que sont nés les trois ou quatre principes devenus la base des sociétés modernes. Ils sont nés des efforts, des pensées, des réformes, autant que des fautes de la monarchie durant deux siècles.

On conçoit qu'un esprit droit, qu'un cœur ferme, ne consente pas à dire : Les conquêtes de 89. Ce mot *conquête* implique le triomphe de la force sur la volonté ; il est habituellement, dans la bouche de ceux qui l'emploient, une dernière insulte à Louis XVI ; il continue sur sa mémoire le martyre de sa vie, il le rend encore une fois victime de ce qu'il a le plus sincèrement, le plus généreusement voulu. Si votre protestation se bornait à cela, nous serions d'accord, mais, lorsque vous semblez vous inscrire, chaque matin, contre Louis XVI lui-même, contre les principes que consentaient avec lui les hommes les plus monarchiques de son temps, que la Restauration a deux fois sanctionnés, alors, non-seulement je ne vous comprends plus, mais je vous défie de vous comprendre vous-mêmes et de formuler un système qui soit autre chose qu'un despotisme absurde sans précédent et sans nom.

NOTE J

OPINION DE M. BERRYER

SUR LES PRINCIPES DE 89.

(Extrait du *Discours sur la révision de la Constitution.*)

RÉPONSE DE M. BERRYER A M. MICHEL (*de Bourges*).

« Nous avons suivi la même carrière, vous me connaissez depuis les premiers jours de la Restauration, vous savez si j'ai été fidèle aux principes de 1789 ; mes amis ne le sont pas plus que moi. (*A droite :* Non! non!) Mes amis veulent les défendre, ces principes; ils les appellent pour le gouvernement de la société française; et, prenez-y garde, quand vous dites que la monarchie est antipathique avec eux, vous oubliez que la grande œuvre de 1789, provoquée par le plus vertueux des rois, provoquée par le grand martyr Louis XVI; que cette grande œuvre de 1789 était fondée sur le principe de l'hérédité, de la souveraineté publique. Où allez-vous chercher vos incompatibilités?. . . . .

. . . .

. . . .

« L'incompatibilité de la monarchie avec les principes de 1789! Mais permettez-moi de vous le dire, qui est-ce qui a ramené le pouvoir représentatif? qui est-ce qui a rendu à la France les principes de liberté de 1789? qui est-ce qui les a remis en honneur et en pratique dans notre pays? De quels actes, de quelle volonté émane la jouissance que nous en avons eue pendant trente années? De la royauté. »

NOTE K

CONSTITUTION DU 14 JANVIER 1852

TITRE Ier

ART. 1er. La Constitution reconnaît, confirme et garantit les grands principes proclamés en 1789, et qui sont la base du droit public des Français.

On s'accorde généralement à considérer la déclaration des droits de l'homme comme résumant les principes de 89, et pouvant être considérés comme leur formule légale. En les citant ici, nous constaterons donc toutes les garanties que la constitution de 1852 établit comme base du droit public des Français!

DÉCLARATION

DES DROITS DE L'HOMME ET DU CITOYEN, VOTÉE EN AOUT 1789, ET MISE EN TÊTE DE LA CONSTITUTION FRANÇAISE LES 3-14 SEPTEMBRE 1791.

« Les représentants du peuple français, constitués en assemblée nationale, considérant que l'ignorance, l'oubli ou le mépris des droits de l'homme sont les seules causes des malheurs publics et de la corruption des gouvernements, ont résolu d'exposer, dans une déclaration solennelle, les droits naturels, inaliénables et sacrés de l'homme, afin que cette déclaration, constamment présente à tous les membres du corps social, leur rappelle sans cesse leurs droits et leurs devoirs ; afin que les actes du pouvoir législatif et ceux du pouvoir exécutif, pouvant être à chaque instant comparés avec le but de toute institution politique, en soient plus respectés ; afin que les réclamations des citoyens, fondées désormais sur des principes simples et incontestables, tournent toujours au maintien de la constitution et au bonheur de tous. — En conséquence, l'Assemblée nationale reconnaît et déclare, en présence et sous les auspices de l'Être suprême, les droits suivants de l'homme et du citoyen :

« Art. 1er. Les hommes naissent et demeurent libres et égaux en droits. Les distinctions sociales ne peuvent être fondées que sur l'utilité commune.

« Art. 2. Le but de toute association politique est la conservation des droits naturels et imprescriptibles de l'homme. Ces droits sont la liberté, la sûreté et la résistance à l'oppression.

« Art. 3. Le principe de toute souveraineté réside essentiellement dans la nation ; nul corps, nul individu, ne peut exercer d'autorité qui n'en émane expressément.

« Art. 4. La liberté consiste à pouvoir faire tout ce qui ne nuit pas à autrui.

« Art. 5. La loi n'a le droit de défendre que les actions nuisibles à la société. Tout ce qui n'est pas défendu par la loi ne peut être empêché, et nul ne peut être contraint à faire ce qu'elle n'ordonne pas.

« Art. 6. La loi est l'expression de la volonté générale. Tous les citoyens ont droit de concourir personnellement ou par leurs représentants à sa formation. Elle doit être la même pour tous, soit qu'elle protége, soit qu'elle punisse. Tous les citoyens, étant égaux à ses yeux, sont également admissibles à toute dignité, place et emplois publics, selon leur capacité, et sans autre distinction que celle de leurs vertus et de leurs talents.

« Art. 7. Nul homme ne peut être accusé, arrêté ni détenu que dans les cas déterminés par la loi et selon les formes qu'elle a prescrites. Ceux qui sollicitent, expédient, exécutent ou font exécuter des ordres arbitraires, doivent être punis : mais tout citoyen appelé ou saisi en vertu de la loi doit obéir à l'instant; il se rend coupable par la résistance.

« Art. 8. La loi ne doit établir que des peines strictement et évidemment nécessaires, et nul ne peut être puni qu'en vertu d'une loi établie et promulguée antérieurement au délit et légalement appliquée.

« Art. 9. Tout homme étant présumé innocent jusqu'à ce qu'il ait été déclaré coupable, s'il est jugé indispensable de l'arrêter, toute rigueur qui ne serait pas nécessaire pour s'assurer de sa personne doit être sévèrement réprimée par la loi.

« Art. 10. Nul ne doit être inquiété pour ses opinions, même religieuses, pourvu que leur manifestation ne trouble pas l'ordre public établi par la loi.

« Art. 11. La libre communication des pensées et des opinions est un des droits les plus précieux de l'homme; tout citoyen peut donc parler, écrire, imprimer librement, sauf à répondre de l'abus de cette liberté dans les cas déterminés par la loi.

« Art. 12. La garantie des droits de l'homme et du citoyen nécessite une force publique ; cette force est donc instituée pour l'avantage de tous, et non pour l'utilité particulière de ceux auxquels elle est confiée.

« Art. 13. Pour l'entretien de la force publique et pour les dépenses d'administration, une contribution commune est indispensable ; elle doit être également répartie entre tous les citoyens, en raison de leurs facultés.

« Art. 14. Tous les citoyens ont le droit de constater, par eux-mêmes ou par leurs représentants, la nécessité de la contribution publique, de la consentir librement, d'en suivre l'emploi, d'en déterminer la quotité, l'assiette, le recouvrement et la durée.

« Art. 15. La société a le droit de demander compte à tout agent public de son administration.

« Art. 16. Toute société dans laquelle la garantie des droits n'est pas assurée, ni la séparation des pouvoirs déterminée, n'a point de constitution.

« Art. 17. La propriété étant un droit inviolable et sacré, nul ne peut en être privé, si ce n'est lorsque la nécessité publique l'exige évidemment sous la condition d'une juste et préalable indemnité. »

Note L

DÉCRET IMPÉRIAL

CONCERNANT LE SÉNAT ET LE CORPS LÉGISLATIF, ET PORTANT CRÉATION DE MINISTRES SANS PORTEFEUILLE,

Du 24 novembre 1860.

Napoléon, par la grâce de Dieu et la volonté nationale, Empereur des Français, à tous présents et à venir, salut ;

Voulant donner aux grands corps de l'État une participation plus directe à la politique générale de notre Gouvernement et un témoignage éclatant de notre confiance,

Avons décrété et décrétons ce qui suit :

Art. 1er. Le Sénat et le Corps législatif voteront tous les ans, à l'ouverture de la session, une adresse en réponse à notre discours.

Art. 2. L'adresse sera discutée en présence des commissaires du Gouvernement, qui donneront aux Chambres toutes les explications nécessaires sur la politique intérieure et extérieure de l'Empire.

Art. 3. Afin de faciliter au Corps législatif l'expression de son opinion dans la confection des lois et l'exercice du droit d'amendement, l'article 54 de notre décret du 22 mars 1852 est remis en vigueur, et le règlement du Corps législatif est modifié de la manière suivante :

« Immédiatement après la distribution des « projets de loi et au jour fixé par le président, « le Corps législatif, avant de nommer sa com- « mission, se réunit en comité secret; une dis- « cussion sommaire est ouverte sur le projet de « loi, et les commissaires du Gouvernement y « prennent part.

« La présente disposition n'est applicable ni « aux projets de loi d'intérêt local ni dans le cas « d'urgence. »

Art. 4. Dans le but de rendre plus prompte et plus complète la reproduction des débats du Sénat et du Corps législatif, le projet de sénatus-consulte suivant sera présenté au Sénat :

« Les comptes rendus des séances du Sénat et « du Corps législatif, rédigés par des secrétaires-

« rédacteurs placés sous l'autorité du président « de chaque assemblée, sont adressés chaque « soir à tous les journaux. En outre, les débats « de chaque séance sont reproduits par la sténo- « graphie et insérés *in extenso* dans le journal « officiel du lendemain. »

Art. 5. L'Empereur désignera des ministres sans portefeuille pour défendre devant les Chambres, de concert avec le président et les membres du Conseil d'État, les projets de loi du Gouvernement.

Art. 6. Les ministres sans portefeuille ont le rang et le traitement des ministres en fonctions; ils font partie du conseil des ministres et sont logés aux frais de l'État.

Art. 7. Notre ministre d'État est chargé de l'exécution du présent décret.

Fait au palais des Tuileries, le 24 novembre 1860.

Signé : NAPOLÉON.

Par l'Empereur,

Le ministre d'État,

Signé : A. WALEWSKI.

(*Bulletin des lois*, Xe série, bull. 514, n° 3900.)

NOTE M

EXTRAIT DU *MONITEUR* DU 14 NOVEMBRE 1861

PARTIE OFFICIELLE.

L'Empereur a adressé au ministre d'État la lettre suivante :

« Monsieur le ministre,

« L'opinion émise ce matin sur notre situation financière par M. Fould, dans la réunion du Conseil privé et du conseil des ministres, a toute mon approbation.

« Depuis longtemps, vous le savez, ma préoccupation était de renfermer le budget dans des limites invariables, et souvent, en présidant le Conseil d'État, j'ai exprimé mon désir à cet égard.

« Malheureusement des circonstances imprévues et des nécessités toujours croissantes m'ont empêché d'atteindre ce résultat. Le seul moyen efficace d'y parvenir est d'abandonner résolûment la faculté qui m'appartient d'ouvrir, en l'absence des Chambres, des crédits nouveaux. Ce système fonctionnera sans préjudice pour l'État si, après l'examen attentif des économies possibles, une explication loyale des besoins réels de l'administration persuade le Corps législatif de la nécessité de doter convenablement les différents services.

« Je viens donc vous prévenir de mon intention

de réunir le 2 décembre le Sénat, pour lui faire connaître ma détermination de renoncer au pouvoir d'ouvrir, dans l'intervalle des sessions, des crédits supplémentaires ou extraordinaires. Cette résolution fera partie du sénatus-consulte qui, suivant ma promesse, règlera par grandes sections le vote du budget des différents ministères.

« En renonçant au droit qui était également celui des souverains même constitutionnels qui m'ont précédé, je pense faire une chose utile à la bonne gestion de nos finances. Fidèle à mon origine, je ne puis regarder les prérogatives de la couronne ni comme un dépôt sacré auquel on ne saurait toucher, ni comme l'héritage de mes pères qu'il faille avant tout transmettre intact à mon Fils. Élu du peuple, représentant ses intérêts, j'abandonnerai toujours sans regret toute prérogative inutile au bien public, de même que je conserverai inébranlable dans mes mains tout pouvoir indispensable à la tranquillité et à la prospérité du pays.

« Sur ce, monsieur le ministre, je prie Dieu qu'il vous ait en sa sainte garde.

« Écrit au palais de Compiègne, le 12 novembre 1861.

« NAPOLÉON. »

FIN DE L'APPENDICE.

TABLE

PARIS. — IMPRIMERIE DE J. CLAYE, RUE SAINT-BENOIT, 7.

ERRATUM

Page 102, ligne 14, *au lieu de* guilde, *lisez* ghilde.